Testimoni del Novecento

DONNE DELLA RESILIENZA

Testimonianze di donne ai margini della storia

Di

Francesco Bertazzo

Interviste a cura di

Giuseppe Millozzi

Indice

Ringraziamenti

Ringrazio tutti coloro che hanno collaborato e reso possibile quest'opera. In particolare, la mia gratitudine va all'Associazione Casa della Memoria, al presidente Giordano Viozzi, per la realizzazione video delle interviste, a Filippo Ieranò, per la realizzazione dell'intervista a Delia Viozzi e a Giuseppe Millozzi. Ringrazio particolarmente quest'ultimo per il lavoro svolto sia in fase preliminare, sia per l'aiuto nella realizzazione e stesura dell'opera.

Infine, ringrazio l'associazione Monte San Martino Trust perché ha creduto nell'importanza di questo progetto sostenendo le spese economiche necessarie alla sua realizzazione.

F. Bertazzo

Prefazione

Ci sono stati momenti nella nostra storia in cui il talento femminile ha superato quello maschile nel far fronte alle tragedie che si sono abbattute su di noi. Nelle ore peggiori ci sono state donne che hanno saputo difendere la vita da tutto ciò che la minacciava. In mezzo alle follie che stavano distruggendo l'umanità hanno saputo essere segno di speranza.

Uno di dei momenti cruciali della nostra storia è stato sicuramente il periodo dell'occupazione nazi-fascista che seguì la firma dell'Armistizio del settembre del 1943. Un periodo segnato dall'assenza di riferimenti precisi, dal crollo del regime, dal risveglio delle coscienze individuali e dalla presenza nel territorio nazionale – soprattutto nelle campagne – di numerosi fuggiaschi, renitenti alla leva, disertori e prigionieri in fuga, tutti accomunati da una sola cosa: la necessità di nascondersi e sopravvivere.

Le donne – protagoniste delle storie qui raccolte – hanno dimostrato nella prassi della loro vita che c'è nel DNA femminile una innata predisposizione al rifiuto di ogni forma di violenza. Il racconto della loro storia personale si intreccia con quello della 'grande storia'. Tuttavia, il loro punto di vista è completamente altro rispetto a quello della storiografia ufficiale che narra solo le gesta dei grandi dai nomi altisonanti. È il punto di vista degli umili, di chi non ha voce. Voci fuori dal coro che si levano lontane mille miglia dalla retorica che ha caratterizzato tanta narrazione resistenziale o revisionista. Nei racconti si percepisce la freschezza e l'immediatezza dell'innocenza, in special modo quando raccontano la loro infanzia rubata dagli anni del conflitto. Molte di loro, ma non tutte, provengono dall'ambiente contadino, quindi in filigrana si può cogliere la storia dei mezzadri nella loro lotta per l'affrancamento dai padroni: il riscatto e il desiderio di emergere e dare ai loro figli/figlie migliori opportunità. Sono questi gli anni del boom economico quando la piccola e media impresa italiana (PMI) è emanazione diretta della famiglia dei contadini mezzadri. Versatili, tenaci, con uno spirito di sacrificio che ha dell'inverosimile, vediamo le donne accanto ai loro mariti e figli nella, fino ad allora impensabile, scalata sociale. Ecco svelato, se ce n'era bisogno, il segreto di quel miracolo economico che portò l'Italia a sedere tra i grandi del mondo e a essere protagonista del progetto europeo.

La resistenza ha – negli ultimi anni – dato ampio spazio a donne che hanno combattuto o fatto da staffette nelle fila partigiane. Esse si sono comportate sostanzialmente da uomini imbracciando – in qualche caso – anche le armi e… tradendo la loro femminilità. Esse sono state, a mio modo di vedere, l'eccezione che conferma la regola. E la regola è stata il silenzio di milioni di donne che hanno sostenuto le maggiori difficoltà in assenza dei mariti chiamati alle armi: il lavoro nei campi, l'assistenza agli anziani, l'accudimento dei figli e l'occultamento degli sbandati e dei prigionieri in fuga. Nella fedeltà all'impegno quotidiano hanno mostrato l'eroicità della loro dedizione. È stato anche per il loro impegno che gli alleati – nel dopo guerra - ci riservarono un trattamento migliore rispetto all'alleato tedesco.

Questo lavoro ha come obiettivo quello di far emergere una semplice verità: l'Italia che conosciamo oggi (che molto spesso è vista con il punto di vista maschile) senza il determinante apporto femminile non si sarebbe fatta. Quindi questo lavoro vuole esprimere gratitudine a tante donne semplici, magari analfabete, che non hanno potuto lasciare un resoconto. Per chi ha letto tanti diari di prigionieri alleati in fuga in Italia come me, queste gesta, il coraggio e la dedizione di queste donne era cosa ben nota. Questo mi ha spinto a coinvolgere gli amici Casa della Memoria – armati di telecamera e microfono – a dare la caccia alle ultime superstiti, prima che l'oblio stendesse il suo sipario: ce l'abbiamo fatta! Queste interviste, se pur a tratti sgrammaticate, parlano da sole. L'ampio corredo di note vuole solo chiarire il contesto storico proprio per mettere sullo stesso piano storie personali e la grande storia: esse procedono sempre insieme.

Infine, ci sembrava riduttivo limitare i racconti al solo periodo bellico. Questa, si sa, è la normale prassi dei documentari di storia. Ma donne come queste meritavano di potersi raccontare dall'infanzia all'età matura fino alla vecchiaia, quest'ultimo arco della vita è un tempo privilegiato per la riflessione. Il loro sguardo abbraccia gran parte del secolo passato e ci permette di leggere gli eventi da un punto di vista inedito: un palpitante cuore di donna.

Giuseppe Millozzi

Introduzione

L'Italia, tra gli anni '20 e '70 del secolo scorso, è stata una delle protagoniste della storia europea e internazionale. Tentare di addentrarsi nei singoli eventi, capire come si sono verificati ed evoluti non è mai semplice. Di fatto la storia è sempre stata raccontata seguendo le azioni dei personaggi di spicco. Ripercorrendo brevemente quanto successo in quegli anni, anche attraverso l'ausilio di qualche opera storica, possiamo notare di come abbiamo imparato la storia del Novecento seguendo le imprese dei potenti: Hitler, Mussolini, Roosevelt, Churchill, Stalin.

Gli avvenimenti, quelli importanti che ci propongono fin dall'età scolastica, sono quelli che hanno cambiato il corso di una nazione, l'esito di una guerra. Quindi eccoci a parlare dell'ascesa del fascismo, della crisi economica del '29, del Terzo Reich, della colonizzazione e del tramonto del colonialismo, della Seconda Guerra Mondiale e del boom economico. Questi sono tutti elementi che fanno parte della macro-storia mondiale formata da tutte piccole, micro-storie che si intrecciano fra loro. Poi, solitamente, c'è un pezzo di storia che viene spesso taciuta, poco conosciuta, fatta di azioni normali e di persone normalissime. Questa non è la storia dei vincitori e dei perdenti ma quella di chi ha dovuto subire le conseguenze del buono o cattivo tempo dettato dai potenti. Ebbene l'Italia è anche piena di questa storie narrate ormai da persone anziane, che, a volte, hanno visto passare sotto i loro occhi quasi un secolo di storia. Raccontare e conoscere le vicissitudini del nostro Paese, ripercorrere più di cinquant'anni di conflitti, di rinascite, di vita quotidiana, è una possibilità unica per capire le nostre origini, per sapere cosa hanno vissuto gli uomini e le donne dell'epoca, per riflettere su spaccati di vita che arrivano fino ai nostri giorni.

Ciò sembra sufficiente per intraprendere un'avventura del genere. Ma chi può raccontarci una storia di questo tipo?

Partendo con la volontà di scrivere qualcosa di nuovo, di portare avanti una ricerca storica sul nostro territorio, si doveva trovare qualcuno che questa storia l'avesse vissuta. Chi veramente aveva contribuito, chi era stato il testimone silenzioso di questi anni? Alla fine si è scelto un punto di vista molto particolare, privilegiato per certi versi, perché lontano dai grandi avvenimenti, dalle grandi battaglie, ma allo stesso tempo protagonista di quegli anni: il punto di vista delle donne. Ma quali donne e perché proprio loro?

Due domande difficili a cui tenterò di rispondere con ordine. Innanzitutto la storia che ci interessa raccontare è quella che, come dicevo prima, spesso viene taciuta perché ritenuta di poca importanza. Per questo le donne presentate non sono quelle dei palazzi di potere ma donne normali, quelle figure spesso silenti, che trovano poco posto nei classici libri di storia, ma che, possiamo affermare, hanno realmente portato avanti un'intera nazione. Quindi chi meglio di loro può raccontare quanto succedeva in quel periodo?

La donna, nel bene o nel male, è stata sempre un elemento essenziale nello sviluppo, nella crescita e nella continuità del genere umano. Per realizzare quest'opera sono state scelte alcune figure femminili nate tra gli anni '20 e '30 del Novecento nel nostro territorio. Per questo sentiremo storie di signore di Servigliano, Santa Vittoria, di Monte San Martino, di Penna san Giovanni e di Garulla, frazione montana di Amandola.

Loro diventeranno, per questa volta, le vere protagoniste della storia e racconteranno gli eventi, gli aneddoti, le peripezie avvenute in più di mezzo secolo. In tutti questi anni la donna ha avuto sempre un ruolo. Durante il fascismo, scopriremo di come sia stata più subalterna all'uomo, padre o marito che sia. Tuttavia non ebbe un ruolo marginale, sebbene non rivestisse molta importanza all'interno della società. Fin da fanciulla la donna doveva imparare le buone doti di madre, la religione, la ginnastica ritmica. Durante il percorso scolastico ed extra scolastico sviluppava la conoscenza e l'abilità nelle tecniche di assistenza, di soccorso, di economia domestica, di allevamento e gestione del nucleo familiare. Il tipo di donna ideale era la madre e la moglie, colei che assicurava il benessere nell'ambito domestico e familiare. Fu lo stesso Mussolini ad affermare, riprendendo Filippo Tommaso Marinetti: «La guerra sta all'uomo, come la maternità alla donna».

A livello pubblico, invece, la sua partecipazione era minima. La donna infatti non poteva votare, non poteva avere un ruolo nelle decisioni più importanti. Poteva, tuttavia, partecipare alla vita collettiva del regime, tramite le associazioni dell'opera nazionale Balilla e delle Donne Fasciste. Vorrei riportare un'altra affermazione del Duce per mostrare l'effettiva considerazione della donna in quel periodo:

«La donna è analitica non sintetica. Ha forse mai fatto dell'architettura in tutti questi secoli? Le dica di costruirmi una capanna non dico un tempio. Non lo può [...]. Naturalmente essa non deve essere schiava ma se io le concedessi il diritto elettorale mi si deriderebbe».

Diversa è la sorte della donna durante la guerra, dove la necessità di sopravvivere ha portato alcune di queste figure a prendere realmente in mano le redini della società, specie della famiglia che ne è la base. Molte di loro si sono trovate sole, senza marito poiché partito per combattere in qualche fronte. Ma non per questo hanno affrontato meno pericoli. Infatti hanno dovuto saper convivere con il regime prima e con la guerra civile poi. Hanno messo a rischio la loro vita numerose volte, tentando di salvare i prigionieri alleati in fuga dai campi di prigionia, nascondendo famiglie di ebrei durante i rastrellamenti dei nazisti, andando contro le imposizioni del regime al fine di sopravvivere, nascondendo cibo e partecipando al mercato nero. Oltre a ciò queste figure hanno svolto il ruolo di madri e capi famiglia. Questo significava proteggere i figli, mandarli a scuola, nutrirli, prendere decisioni o gestire situazioni difficili al posto del marito e provvedere alla sopravvivenza, soprattutto economica della famiglia. Ciò che emergerà nel corso dell'opera è la centralità di questa figura nel periodo bellico ma non come donna-guerriero pronta ad armarsi contro l'invasore bensì come donna-spina dorsale di una società allo stremo, capace inoltre di dare vita ad una resistenza civile silenziosa, non armata ma non meno importante e pericolosa. Per questo abbiamo voluto rinominarla resilienza, un termine preso in prestito dalla Fisica che indica la capacità di un oggetto di resistere agli urti senza rompersi... e di urti della storia le nostre donne ne hanno subiti molti...

Infine arriviamo al dopoguerra dove la donna diventa protagonista della ripartenza dell'Italia. Un ruolo decisivo lo ebbe già nel 1946, nel referendum istituzionale dove per la prima volta anche le donne sono ammesse al voto. Inoltre nell'art. 3 della Costituzione vengono riconosciuti a tutti i cittadini pari dignità e uguaglianza di fronte alla legge, "senza distinzione di sesso, di razza, di lingua, di religione, di opinioni politiche, di condizioni personali e sociali"[1].

Poi la condizione femminile andò progressivamente migliorando attraverso il riconoscimento di nuovi diritti e la lotta delle associazioni femministe, che hanno promosso una sempre maggiore emancipazione e la riflessione su alcune tematiche importanti come l'aborto, la contraccezione, la parità dei sessi. Nella storia d'Italia, per la prima volta, le donne entrano a far parte degli organi più alti dello stato e ottengono il riconoscimento di parità di trattamento in ambito lavorativo. Questi enormi cambiamenti hanno avuto

---

[1] *Costituzione italiana, articolo 3*

delle ripercussioni anche nelle nostre storie. Queste trasformazioni, repentine ma essenziali, hanno portato ad una evoluzione della società italiana anche in concomitanza al boom economico e al progresso industriale che ha permesso, anche al ceto medio, di adottare uno stile di vita migliore.

Quello che è venuto fuori da tale ricerca ha sorpreso anche me. Attraverso i loro racconti è stato possibile ricostruire un quadro coeso della vita sociale, politica, lavorativa di più di cinquant'anni di storia italiana. Ogni storia tocca, sebbene in modi diversi, alcuni momenti fondamentali del secolo scorso, tre in particolare: il Fascismo, la Seconda Guerra Mondiale (prima e dopo l'armistizio) e il dopoguerra. Ripercorrendo ogni singola micro-storia si è cercato di mettere in luce come ognuna di essa sia intrecciata ai grandi fatti del Novecento. Infine ogni racconto presenta in sé caratteri unici, proprio in virtù delle diverse esperienze e dei diversi avvenimenti a cui hanno assistito o si sono rese protagoniste.

Avvertenze per il lettore

Per la realizzazione di quest'opera sono state condotte, a livello preliminare, alcune interviste a signore anziane. Nel compiere la stesura ho deciso di mantenere questa struttura, fatta di domande e risposte. Inoltre ho scelto di non correggere troppo la forma per mantenere, anche nel testo scritto, la spontaneità della risposta e il modo di comunicare delle intervistate. Per questo a volte la lettura potrà essere difficile, poco scorrevole, ma ciò mi ha permesso di rimanere il più fedele possibile a quanto ci è stato raccontato. Infine nel testo, in mezzo alle varie domande e risposte, troverete delle piccole finestre sulla storia del Novecento. Queste interruzioni sono state scritte essenzialmente per due motivi. In primo luogo per permettere ad ognuno di poter comprendere quanto si sta raccontando. Infatti credo che un libro come questo debba essere accessibile a tutti, non solo ad alcuni storici o appassionati della materia. Pertanto, anche chi non ha mai approfondito questi studi, può seguire senza problemi le trame della storia. Il secondo motivo è per mostrare ancor meglio come queste vicende siano profondamente unite ai grandi avvenimenti di cui parlano i libri di storia. Conoscere queste realtà semplici permette di guardare e capire, da un punto di vista diverso, la storia d'Italia in quegli anni. Ciò che mi sta a cuore evidenziare è come le scelte e le azioni di coloro che hanno fatto la storia abbiano avuto poi, nel concreto, ripercussioni sulle singole vicende di queste donne normali.

Buona lettura.

P e r

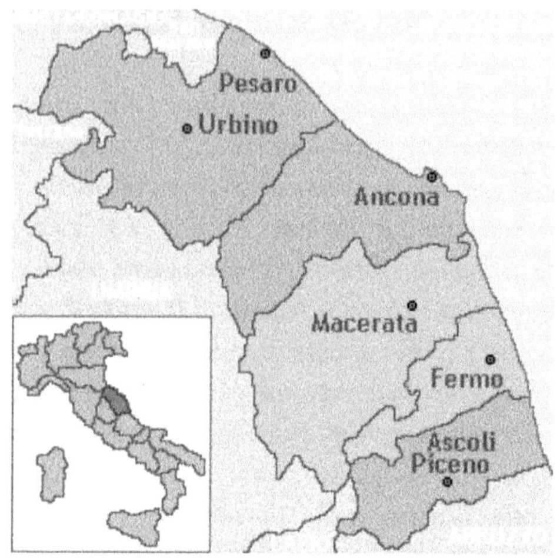

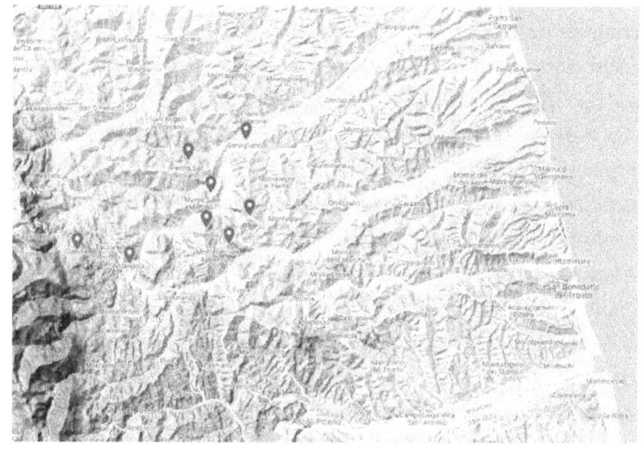

facilitare la comprensione e la geolocalizzazione dei luoghi di cui tratteremo, ho voluto inserire questa mappa dove sono sottolineati i paesi che hanno dato i natali alle nostre intervistate e dove sono accaduti alcuni degli eventi trattati. Non compare Santa Vittoria, un piccolo paese segnato dal cursore ad est di Monte san Martino.

NORINA PALOMBI

Monte San Martino

Classe 1924

Norina Palombi nata nel 1924 e cresciuta nelle campagne di Monte san Martino (MC). Ha perso il papà, Palombi Enrico, all'età di quattro anni e, da quel momento, è rimasta sola con la mamma, Vita Enrica.

Parlami della tua infanzia.

Ero una bambina quando mi sono trovata senza babbo. Mamma, anche se ero piccola, parlava sempre di lui, un continuo. Lei aveva due fratelli ai quali chiedeva consigli su come poter fare, poiché sola non c'era stata mai. Era sempre vissuta con la famiglia e di colpo si era trovata senza nessuno. Babbo è morto per una malattia al cuore che non gli è stata mai riconosciuta. Aveva fatto una domanda ma non c'è stato tempo, è morto nel giro di poco. Aveva combattuto nella prima guerra mondiale, del 1915-18, e aveva fatto la prigionia. * Quando tornò stava bene tanto da fidanzarsi con mamma. Dopo un anno passato insieme si sono sposati. Hanno avuto un bambino ma è morto. Poi hanno avuto me, poi un altro ma è morto lo stesso. Nel 1928 è morto prima il bambino, poi babbo e poi nonna si è paralizzata e nonno divenne cieco. Io mi davo da fare, accompagnavo nonno dai suoi amici dove trascorreva la giornata e lo portavo a messa. Era molto devoto, pregava continuamente, stava sempre con la corona in mano. Nonna invece era un po' più «peperina», però era molto intelligente e sapeva molte cose. Nei cinque anni che lei è stata a letto paralizzata ho imparato tanto, perché con la memoria stava bene. Mi ha trasmesso molto: la tessitura, il telaio, sapeva leggere e scrivere e mi raccontava delle erbe (medicinali). Mi piaceva tanto starla a sentire e imparare.

**La prima guerra mondiale o Grande Guerra fu un conflitto che coinvolse inizialmente le più grandi potenze europee e in seguito anche paesi extraeuropei. Lo scontro iniziò il 28 luglio 1914 con l'attentato di Sarajevo, dove fu ucciso l'arciduca Francesco Ferdinando d'Asburgo d'Este, e la conseguente dichiarazione di guerra dell'Impero austro-ungarico al regno di Serbia. Questo attentato «mise in moto una serie di reazioni e controreazioni che precipitarono l'Europa in un conflitto di proporzioni mai viste»* (Giovanni Sabbatucci e Vittorio Vidotto, Il mondo contemporaneo, Bari, Editori Laterza e figli Spa, 1° ed. 2004, 2017, pag. 247). *Si formarono due blocchi contrapposti: gli Imperi centrali (Germania, Impero austro-ungarico e Impero ottomano) e gli stati Alleati (Francia, Regno Unito e Impero russo). L'Italia entrò in guerra nel 1915 fino al 1918 schierandosi dalla parte degli stati Alleati. La guerra si concluse l'11 novembre 1918 con la firma dell'armistizio da parte dell'ultimo degli imperi centrali, la Germania, e la vittoria degli Alleati. Gli Stati Uniti d'America entrarono nel conflitto nel 1917, a fianco di quest'ultimi, apportando un aiuto fondamentale per l'esito della guerra.*

In quegli anni c'era una famiglia lì *Li Masci* (C.da Santo Stefano di Monte San Martino), tanto povera. C'era il padre Pasquale, la madre, di cui non ricordo il nome e il figlio Nazzareno. Lui, al tempo della guerra del '15-'18, aveva disertato ed era ricercato perché fuggiasco. Sia padre che figlio erano un po' ladruncoli. Una volta si trovava da Ciaffoni, verso la Val di Tenna, e sono passati i Carabinieri. Il maresciallo di Penna san Giovanni gli chiese: "Cerchiamo un certo Palombi Nazzareno, sa dov'è?". Allora lui gli rispose: "Ma ha appena attraversato Tenna". Così li ingannò, era molto astuto. Il padre era un vecchio molto sporco ed un giorno venne lì a Colle Bottone e si sentì male. Uno della famiglia

Palombi (a Monte san Martino esistevano diverse famiglie con il cognome Palombi, talvolta nemmeno imparentate l'una con l'altra) aveva uno scantinato dove lavorava; a quel tempo ognuno si arrangiava come poteva. Ci mise un po' di paglia e lo sistemò lì. Diceva: "Venni a pijallo" (Vieni a prenderlo) ma nessuno ci andava mai, perché erano poveri. Allora noi bambini andavamo a trovarlo, anche se avevamo paura perché era ladro. Ci diceva: "Venite qua, venite qua, vi devo dire una cosa" e ci accostavamo. "Siate onesti, non toccate la roba degli altri, perché io ho rubato per mangiare e muoio di fame, ho rubato per vestire e sto nudo". Le parole di questa persona ladra mi sono rimaste veramente impresse, le parole di Pasquale. Noi da bambini credevamo che fosse un mostro, invece, ripensandoci adesso, guarda che persona che era, che animo.

Questa era la vita di quegli anni, c'era tanta miseria che uno non ci crederebbe, c'era anche tanta sofferenza e io dell'infanzia non ho capito molto.

Un passo indietro... da piccola hai frequentato la scuola a Villa Santa Maddalena, fino alla terza, durante il periodo fascista...*

Appena entravamo nell'aula: "Buongiorno", con il braccio destro alzato. Era il saluto fascista e se non lo facevamo ci mettevano in castigo, o in ginocchio, o all'angolo, o schiaffi, era così. C'era la maestra Olga che mi insegnò nella prima e nella seconda poi, siccome si ammalò, vennero delle supplenti. La terza io l'ho fatta con un'altra. Era una signora di Bari, era severa, ti bastonava e basta, alzava le mani anche per una stupidaggine. Bisognava andare a scuola puliti e ordinati. Mamma mi mandava sempre linda anche se molti bambini erano sporchi. Si davano molto botte, specie ai maschietti e dovevano restare zitti, non si poteva rispondere. Adesso sono morti tutti, forse c'è rimasto qualcuno, ma non so dove. Un mio compagno si chiamava Benito, aveva il naso un po' lungo e stava sempre in ginocchio davanti alla porta. Passava qualcuno e gli diceva: "Pinocchio che hai fatto oggi?". Lui rideva ma se fosse successo a me sarei scoppiata in lacrime.

**Il movimento fascista fu fondato da Benito Mussolini a Milano nel 1919. Inizialmente fu caratterizzato da una componente variegata di individui ma «il cemento che univa questi elementi sparsi era il culto della violenza e il mito della gioventù che aveva combattuto in guerra»* (Giampiero Carocci, Storia d'Italia dall'Unita ad oggi, Feltrinelli, 1975, pag. 246). *Dopo aver ottenuto il potere, il 28 ottobre 1922, con la famosa marcia su Roma, Mussolini si adoperò alla costruzione dello stato fascista, smantellando progressivamente la forma statale esistente e creando uno stato sempre più totalitario. Attraverso la promulgazione di una serie di leggi, «leggi fascistissime», l'accentramento statale, il potenziamento degli organi repressivi, Mussolini cambiò numerosi aspetti della società italiana tra cui la scuola. Il fascismo portò ad una progressiva militarizzazione di questa istituzione accentuando l'importanza dell'esercizio fisico, del patriottismo, del controllo delle attività dei giovani, della dottrina. Il regime si rifletteva anche nell'insegnamento. A partire dalla riforma Gentile del 1923 si sancì «il primato delle discipline umanistiche (considerate come il principale strumento di educazione delle élites dirigenti) su quelle tecniche...»* (G. Sabbatucci e V. Vidotto, op. cit., pag. 392) *Nell'anno 1930- 31 fu introdotto il libro unico per la scuola, redatto dal Ministero dell'educazione Nazionale, volto ad esaltare la dottrina e il regime fascista.*

Quando frequentavo la prima non mi piaceva fare l'aritmetica, anche se a scuola svolgevo tutto e benissimo. Allora un giorno, mentre ero a casa, mia mamma mi chiese: "Fammi il conto delle uova", lei a mente in un secondo lo aveva già fatto. Le rispondo: "Io non lo so fare". “Non lo sai fare? - mi urlò contro - che ci vai a fare a scuola? Guarda che non ti ci mando più”. Un giorno venne a scuola e disse: "Maestra questa è una somara che non sa fare 1+2". La maestra, dopo aver sgranato gli occhi, le rispose: "Ma che mi dici, Palombi!" urlò rivolgendosi a me. Allora ti chiamavano per cognome e non per nome. «Ma cosa mi fai sentire da tua madre, che con me sei tanto brava». “No, lei a casa niente", replicò mia mamma, che non usava mezzi termini. La maestra disse: "Adesso ci penso io", e per un mese mi fece fare sempre problemi, senza poter leggere o altro. Allora c'era la severità. C'era un bambino, Peretti, che non capiva la carta geografica, quante botte gli dette quella maestra non lo puoi capire... Comunque a scuola ho imparato anche molte cose, alcune istruttive, come utilizzare l'ago e altri lavori. La signora Olga era bravissima. C'era una famiglia povera, ma veramente povera, e la bambina, che si chiamava Speranzìa, veniva a scuola con noi. Alla sua famiglia gli si diceva *Ricotta,* allora le maestre la chiamavano *Ricottaccia*. Pinetto D'Anselmi che veniva da una famiglia dabbene e sapeva parlare a modo, la informò: "Signora Maestra ma questa non ha la mamma" e lei non lo sapeva. Allora le fece pena. Inoltre mangiava la terra a causa di una malattia. Questi sono i ricordi che ho, brutti e belli, eravamo bambini. Il tempo dopo la scuola lo impiegavo con il lavoro. Mamma mi nascondeva i libri perché dovevo aiutarla. A me piaceva leggere invece a molti ragazzi non gliene importava niente.

Impiegavo il mio tempo presso i nonni, uno morì quando avevo nove anni durante l'ultimo anno di scuola, poi c'era la nonna, che aveva questa paresi, c'erano i maiali, le pecore, le galline, c'era la manzetta (piccola vitellina) da accudire. Quando ripasso vicino alla mia vecchia casa guardo verso la finestrella da cui mi affacciavo e mi ricordo che osservavo la vitellina saltare sopra la greppia e mi impaurivo. Così passavo l'infanzia, si giocava poco con gli altri bambini perché c'era sempre da fare, in primis accudire i nonni e rispettarli. Mamma, quando usciva di casa, mi diceva: "Non fare arrabbiare nonna perché altrimenti quanto ritorno io ti meno." Detto, fatto. Ma io non la facevo arrabbiare molto spesso, solo che c'era una ragazza lì e lei non voleva che ci parlassi perché era bugiarda e sporca. Nonna mi diceva: "A quella non ti devi avvicinare, ha i pidocchi, parla male." Se poco poco mi sentiva parlare con lei andava su tutte le stelle (si arrabbiava). Quando avevo circa quindici anni ho iniziato a fare il formaggio. Poi a diciannove abbiamo cambiato casa...

Com'era vivere durante il Fascismo? *

La gente non lo vedeva bene. In paese erano tutti fascisti, quasi tutti, però su chi era o non era vigeva il silenzio. C'erano le spie che passavano, ti scrutavano, ti controllavano. Se qualcuno era contro lo purgavano. Dovevi rispettare il regime alla lettera. Tuttavia anche Mussolini fece delle cose buone, non si può adesso demonizzare proprio tutto, perché mandò più bambini a scuola e fece altre cose. Però era una dittatura. Bisognava stare attenti a parlare, a tutto. Una signorina (una donna non sposata), che stava lì *Li Masci*, ha avuto un bambino e lo ha ammazzato appena nato. Se ne era accorto il fratello ma non ha fatto in tempo, lo ha ucciso strozzandolo. In conclusione è stata incarcerata per quattro anni (per infanticidio). Poi una volta uscita ha parlato male di Mussolini ed è stata rimessa di nuovo dentro ed è morta lì. Allora agli uomini se parlavano male del regime li mandavano al confine. Erano severi, severi tanto... allora tutti stavano zitti.

**Il regime fascista si caratterizzò per una marcata soppressione delle libertà. A partire dal 1925 Mussolini abolì tutte le associazioni non fasciste: partiti, sindacati, gruppi giovanili... Abolì la libertà di stampa, di riunione, di parola. Creò diversi organi di oppressione e controllo come la OVRA, la polizia politica, il Tribuna speciale, per i reati di matrice politica. Chiunque si fosse schierato apertamente contro il regime poteva essere confinato o, in casi più gravi, ucciso. Celebre è il caso dell'omicidio del socialista Giacomo Matteotti, che aveva denunciato in Parlamento i brogli elettori accaduti nell'elezione del 1924. «Il Tribunale speciale... giudicò tra la fine del '26 e l'inizio del '29, 5046 persone. I condannati furono meno di mille, ma degli altri non si sa quanti vennero inviati al confino.»* (Indro Montanelli e Mario Cervi, L'Italia del novecento, Milano, Rizzoli, I ed. 1998, ed. superpocket, 1999, pag. 84) *Inoltre molte persone, ritenute scomode per le loro idee difformi da quelle del regime, furono internate in manicomi od ospedali psichiatrici.*

Durante il fascismo ci fu l'episodio del ritiro delle fedi, ce ne puoi parlare? *

Mia mamma consegnò la fede, quella di nonna, perché le disse: "Non dargli la tua, perché la tua è bella e grande, la mia è piccola e logora. Allora dagli la mia e questa tienila tu." Mamma la mise da parte perché non si poteva portare, si doveva indossare quella di ferro e lei non metteva neanche questa perché gli causava delle ferite. Questo fu nel 1938, il motivo non lo so. Poi in seguito si disse che furono trovate, ma se ne dicevano tante. Si raccontava che ci aveva realizzato la cinta per l'amante, Claretta Petacci.

**La «giornata della fede» è stata una delle iniziative promosse dal regime fascista al fine di incrementare la raccolta di metalli a scopi bellici. La prima manifestazione fu «Oro alla patria» avvenuta nel 1935, in risposta alle sanzioni imposte dalla Società delle Nazioni per l'invasione dell'Etiopia. In cambio della fede in oro ne veniva consegnata una in ferro recante la scritta: «ORO ALLA PATRIA - 18 NOV.XIV». L'oro e l'argento servivano ad incrementare il potere economico dello stato. Episodi di questo tipo potevano dar adito a pettegolezzi tra la popolazione, come la cintura per Claretta Petracci, amante di Mussolini dal 1932. Ambedue furono fucilati a Bonzanigo di Mezzegra, vicino al lago di Como, da un gruppo di partigiani il 28 aprile 1945. I loro corpi furono esposti a piazzale Loreto (Milano) il giorno seguente.*

Come fu visto questo episodio?

Le persone stavano zitte. Ritirò anche tutto il rame, lasciavano un caldaio a famiglia e basta. La gente era un po' scocciata. Non puoi credere a quello che è stato quando è scoppiata la guerra. Non era successo niente momentaneamente, ma poi dopo... c'era l'annonaria*, era una carta che tu presentavi per farti dare una parte di grano o riso, ma solo agli artisti (i paesani che praticavano le arti). A noi che raccoglievamo il grano, niente. Ci davano una razione di zucchero e non più e poco altro. Non potevamo fare il pane bianco, solo scuro. Inoltre se ti ci prendevano... una volta passò la commissione, erano quelli del paese e noi avevamo fatto il pane, presi la canestrella (piccolo cesto) e la nascosi in mezzo ad un campo, altrimenti questi ce lo portavano via. Si stava attenti, c'era tanta, tanta miseria e tanta sofferenza. (Gli artisti erano soliti, durante la guerra, andare dai contadini a prendere gratuitamente, o pagando una miseria, il cibo, visto che questo mancava in paese mentre nelle campagne no).

**L'annonaria era una carta nominativa che ti permetteva di prenotare, presso un rivenditore autorizzato, generi alimentari o altri beni. Fu introdotta nel 1940 per controllare la distribuzione e il razionamento di questi durante la guerra. I beni che si potevano acquistare in un determinato periodo e il loro il prezzo venivano pubblicati su manifesti o giornali. La carta rimase in uso, in alcuni casi, fino al dopo la guerra e scomparve definitivamente nel 1949.*

Che mi dici dei balilla e le piccole italiane? *

Portavamo una gonna nera tutta a pieghe e una camicetta bianca. Dopo, quando si andava a scuola ti facevano pagare la tessera cinque lire, era tanto. Allora mamma non me le voleva dare e io cominciavo a piangere. La maestra, una supplente, mi disse: "Come, ma non si vergogna tua madre?". Non sapeva che lei non aveva la pensione, non aveva niente. Chi gliele dava cinque lire? Aveva uno zio sacerdote che, quando veniva, regalava a noi bambini qualcosa e dispensava un aiuto per mamma. Lei aveva assistito i nonni e i parenti e le volevano tutti bene. Alla fine, tuttavia, per non sentirmi più mi dette quelle cinque lire. Arrivarono a scuola queste stoffe per fare le camicette per noi piccole italiane, bianche e a me la regalarono perché avevo pagato la tessera. Il regime ti costringeva a queste cose, però chi non aveva niente non poteva fare altro, era così. Ho anche partecipato agli incontri delle giovani italiane, sul colle sopra Santa Maria Maddalena (Monte san Martino). Si andava tutti vestiti, si facevano le marce e poi c'erano i giochi e si mangiava, qualche volta si andava a teatro. Si facevano queste cose qui.

**Il regime si caratterizzò per un massiccio controllo delle masse, attraverso la creazione di organizzazioni di matrice fascista che educavano e occupavano il cittadino italiano fin dalla più tenera età. Nel 1926 fu fondata l'Opera nazionale Balilla (ONB) che sostituì tutte le organizzazioni giovanili preesistenti (scout, ass. cattoliche). «Complementare all'istruzione scolastica, l'opera era finalizzata alla formazione paramilitare e ginnico- sportiva dei giovani dai 6 ai 18 anni."* (Raffaele Romanelli, Novecento lezioni di storia contemporanea II, Bologna, editrice Mulino, 2014, pag. 160)

Le persone della generazione di tua madre sapevano leggere e scrivere? *

Qualcuno sì e altri no. Dove stavamo noi c'era una famiglia, il padre, la madre e una zia che erano analfabeti. Dopo c'era un'altra famiglia, dei Palombi, dove la madre e i nonni non sapevano leggere e scrivere mentre il padre sì. Nonno non sapeva leggere, invece zia sì. Zio, di cognome Lancioni, era analfabeta anche se era una persona molto intelligente, mi ricordo che fece la guerra. Babbo sapeva leggere e scrivere, mentre una sua sorella no e una sì. Mamma niente. Io sapevo leggere e scrivere, avevo finito la scuola. Spesso raccoglievo e leggevo i pezzi di carta (i giornali) per la strada.

**L'analfabetismo, in quegli anni, era un fenomeno ancora molto diffuso sebbene ci siano delle enormi differenze tra le generazioni nate alla fine del 1800 e quelle nate nei primi decenni del 1900. Basti pensare che se nell'anno dell'Unità il tasso di analfabetismo era del 78%, nel 1901, l'età dei genitori di Norina, era del 56%. Con la riforma Orlando, del 1904, e Gentile, del 1923, si incentivò la partecipazione scolastica, estendendo ad esempio l'età dell'obbligo. Sebbene in alcune situazioni, specie nel meridione, questi cambiamenti non sortirono grandi effetti, sempre più persone vennero istruite. Nel 1931, all'apice del regime fasciste, il tasso di analfabetismo era sceso al 21%.*

Hai mai pensato di scrivere le tue memorie, di fare un racconto della tua vita?

No. Io per fare i temi ero un po' dura di testa, non mi venivano bene. Parlo anche male e mi esprimo peggio. Ci ho pensato tante volte ma di farle scrivere a qualcun altro, non io.

Le notizie che giungevano da fuori come arrivavano?

Per lettera. Ho lettere di quando mamma aveva due fratelli in America. Questi rimasero sempre in contatto, avevano un buon rapporto, poi sapevano che era sola. Spesso si lamentava: "Perché non hanno insegnato anche a me..." perché allora le donne non dovevano sapere leggere e scrivere. Non sapeva neanche firmare e mi diceva. "Sbrigati a crescere tu, così firmi". Altrimenti trovava dei testimoni pagando da bere a qualcuno. Funzionava così. Le lettere gliele leggevo io quando diventai grandina, come al tempo della guerra. Arrivavano molte cartoline dei soldati.

L'alleanza tra Germania e Italia, gli sviluppi della guerra, queste notizie arrivavano?
A volte, ma per molto tempo non si sapeva più niente. Erano numerosi i militari che scrivevano e i familiari rispondevano.

Le notizie dello sviluppo della guerra, sbarco in Sicilia, l'arrivo degli alleati erano cose che si sapevano?

Sì, come no. Le notizie camminavano. Prima di tutto le persone si scrivevano molto. Io la consideravo male questa guerra, ma che scherziamo. Non ricordiamo quei periodi… ero terrorizzata da tutto. Una volta venne una epidemia di galline, morirono tutte. Passava uno, soprannominato *Sallacciu*, che raccoglieva questi animali. C'era lo stalletto (il pollaio) con le galline e allora ci buttò una testa di quelle malate e morirono così anche le nostre. Allora siccome erano morte, disse: "Le vengo a prendere domani". Noi le avevamo messe dentro un cesto. Poi all'improvviso è arrivata la neve e queste sono rimaste lì sotto. Passati quattro o cinque giorni, la neve si è sciolta, ha preso quelle galline e le ha portate via. Le faceva arrivare a Roma, al mercato nero, per mangiare; tanto che ne sapevano che erano quelle morte… c'erano tante cose brutte in quel periodo, non belle, notizie belle non esistevano. In seguito, il colpo di scena fu l'armistizio.

Nei periodi prima della guerra, quando c'era la guerra d'Africa, quando si cantava faccetta nera, mi confermi che c'era euforia? I fascisti pensavano che fosse arrivato il momento della gloria.

Sì, si credeva che lì in Africa ci fosse un regime brutto. Dopo i veterani ci raccontarono come era realmente. Questo accadeva nel 1938. Dopo invece scoppiò la guerra qui. Tutti impauriti, però si diceva che sarebbe durata quarantotto ore. Mussolini la chiamava la *guerra lampo* con cui avrebbe conquistato tutto il mondo. * Dopo c'era la radio. Per un periodo di tempo non la si poteva nemmeno sentire perché se ti ci prendevano… si ascoltava di nascosto.

**L'Italia allo scoppio della guerra, nel 1939, quando la Russia e la Germania invadono e si spartiscono la Polonia, si dichiara «non belligerante». Infatti Mussolini sapeva bene che la nazione non era ancora pronta ad affrontare uno sforzo bellico così grande. Tuttavia il rapido crollo della Francia e la potenza militare del Reich convinsero il duce ad entrare in guerra nel 1940. Ipotizzando che anche gli Inglesi non avrebbero resistito a lungo, molti iniziarono a parlare di guerra lampo, ovvero una guerra che si sarebbe risolta in pochissimo tempo. In realtà questo termine fu coniato per identificare «un nuovo metodo di guerra che si basava sull'uso congiunto di aviazione e delle forze armate». Questa strategia bellica aveva permesso alle forze del terzo Reich di occupare velocemente, appunto in un lampo, i territori di Polonia e Francia.*

Qual era al tempo l'opinione della guerra d'Africa.

Si raccontava dell'Africa, a noi sembravano tutti poveri ma in realtà, come ovunque, ci sono i poveri e ci sono i ricchi, come ci saranno sempre. A noi sembravano poveri, peggio di noi, era così...

Si riteneva che fosse una guerra giusta o ingiusta?

Non lo so, le guerre sono tutte ingiuste.

C'è stato qualche reduce della campagna di Russia? *

Si qualcuno ci sarà stato, ma adesso non ricordo. Allora consideravamo i russi tutti demoni. Lì c'era un regime rigido, è stata una campagna molto sofferta. Noi la guerra del 1915-18 l'abbiamo studiata a scuola invece la seconda guerra mondiale i ragazzi, come i miei nipoti, non la studiano. Io ho il libro di Silvio Pellico e l'ho letto. Mi piaceva tanto perché racconta tutto come era, la guerra, la prigionia, tutte queste cose, la morale, il senso di speranza. Invece quelli di adesso, come un mio nipote, un biochimico, mi racconta che non l'hanno studiata.

**Durante la seconda guerra mondiale una delle problematiche strategiche a cui dovette far fronte Hitler fu quella di una possibile unione tra Occidente e Oriente, nel particolare URSS e Inghilterra. Inoltre «che l'Urss costituisse da sempre il principale obbiettivo delle mire espansionistiche di Hitler non era un mistero per nessuno, nemmeno per i sovietici»* (Ibi, pag. 431) *Per questo il 22 giugno 1941, alle ore 3:15 del mattino, diede avvio all'Operazione Barbarossa, attaccando direttamente l'Unione Sovietica lungo tre direttrici principali: a nord verso Leningrado, al centro verso la Bielorussia e Mosca, e a sud verso Kiev. Mussolini, informato del piano, preparò un primo contingente da inviare in Russia nel luglio 1941, a cui se ne aggiunsero altri l'anno successivo. Nonostante il poderoso attacco dell'esercito tedesco-italiano, le armate sovietiche seppero reagire tanto da costringere i nostri soldati ad una rovinosa ritirata tra la fine del 1942 e l'inizio del 1943. Questo segnò la fine di ogni pretesa di conquista di quei territori. «Il numero dei combattenti dell'VIII armata che non sono tornati in Italia ammonta pertanto a 74.800.»* (I. Montanelli e M. Cervi, op. cit., pag. 224)

Nel libro "9 settembre 1943 Lo sbando e la fuga" (Pasquale Ricci, 9 settembre 1943 Lo sbando e la fuga, Acquaviva Picena (AP), tipografia FastEdit, ottobre 2015, pag. 93), *l'autore Pasquale Ricci riporta la testimonianza di un nostro compatriota di Smerillo, Attilio Ricci reduce della campagna russa. Attilio raccontava così la disperata ritirata dei soldati italiani: "Si marcia in mezzo alla neve, con il freddo implacabile, l'abbigliamento inadeguato ed i continui attacchi dei russi, che al contrario vestono indumenti caldi e calzari confortevoli. Ben presto uomini disperati, senza più nessuna capacità di combattere, vagano in quella distesa bianca, lasciando a terra tanti compagni d'armi, chi ucciso dai russi, chi impossibilitato a proseguire per il congelamento degli arti. Lo sbandamento è totale e non ci si può fermare ad aiutare quanti cadono a terra con i piedi congelati, feriti o sfiniti per la stanchezza e la fame. Quanti provano ad aggrapparsi alle sponde dei camion tedeschi vengono respinti colpiti sulle mani con i calci dei fucili."*

La guerra civile in Italia, dopo l'armistizio. Quello che accade a Monte san Martino tra partigiani e fascisti.

Allora c'erano i fascisti, ma c'era quello buono e quello cattivo, ma non era fatto bene, perché loro imponevano questa legge in modo così duro che c'era paura. Noi bambini eravamo tutti terrorizzati da questi. Ce n'era uno, andava in giro per la campagna e faceva anche del male alle persone, perché faceva la spia. Babbo non era fascista, non aveva la tessera. Dopo la sua morte, i fratelli di mia madre le consigliarono: "Metti qualcuno per darti una mano, per gli animali, gli attrezzi… metti un ragazzo che ti aiuta". Allora chiamò uno di Monte san Martino, però era cattivo, prepotente e mamma non ci voleva combattere. Invece un giorno fu il padre del ragazzo a dire che non ci sarebbe più venuto. Mamma disse di non voler più nessuno a casa. Allora dopo un po' di tempo il padre tornò a casa nostra dicendo: "Ma sai… mio figlio…. se vuoi torna." Mamma replicò: "Per carità!". Il padre raccontò che era passato *Lu Capità* (il fascista, il cui soprannome deriva dal grado che questo aveva ricoperto durante il primo conflitto mondiale) che lo aveva ammonito: "Tu tieni quello là perché c'è una donna giovane, il marito è morto!". Gli aveva raccontato un sacco di frottole e lui ritirò subito il figlio. Poi ce lo voleva rimandare dopo aver capito che era una bugia, che l'aveva fatto apposta, per dispetto a babbo. Erano cattivi. C'era la guardia, Nicò, il padre di Giancarlo, e quello si dava un'aria… era la guardia civica. Si doveva fare tutto alla lettera. Ai contadini gli faceva la contravvenzione per qualsiasi cosa. Non erano ben voluti. Dopo c'erano quelli di fuori, a uno gli si diceva *Fonzi*, era il veterinario di Santa Vittoria e portava sempre gli stivali neri. Comandavano loro. Ti mettevano soggezione; almeno noi bambini li vedevamo così.

Affrontiamo i fatti di sangue che ci sono stati: un drappello di fascisti uccide un partigiano e c'è una vendetta dei partigiani qui in paese.

I partigiani li vedevamo meglio noi, anche se, hanno fatto la parte loro. Quell'episodio è successo per vendetta uno con l'altro, perché quelli che sono venuti ad ammazzare furono chiamati da un gruppo di qui. Da poco ho scoperto che c'era un complotto proprio in una casa qui vicino.

L'antefatto fu che venne ucciso il partigiano Funari Riccardo a San Venanzo, questa fu la causa iniziale. Quanti giorni dopo vennero qui?

Vennero qui il 10 maggio mentre l'assassinio fu di aprile. Quella giornata te la puoi immaginare, stavamo in campagna e passarono questi assassini. Io mi sono spaventata talmente tanto, ma tutti quanti. Poi abbiamo azzardato anche a ritornare a casa di notte. Li vedevi tutti armati, erano come le bestie. Tu immagina due assassini, come si possono vedere in televisione, una cosa paurosa. Dopo per la strada abbiamo incontrato delle persone che ci dicevano: "Non sappiamo niente, non sappiamo niente!". Poi abbiamo incontrato il padre di Adriano che ci spiegò: "Tornate indietro che ne hanno ammazzati quattro". Dopo il problema fu che questi partigiani uccisero chi non aveva fatto nulla come quel ragazzo di

Pompei, fratello di Dante. Entrambi erano andati nel mese di maggio lì la chiesa delle Grazie, li presero solo perché portavano la camicia nera. Ti rendi conto che bestie che erano, che c'entravano quei ragazzi, non facevano parte del complotto. Li hanno ammazzati, perché? Erano ubriachi? Non lo so. Quassù invece hanno ucciso un certo Tullio, era un muratore. Lo presero perché era stato chiamato dai fascisti per indicargli la strada di Funari e questo obbedì. La moglie di Mietti, uccisero anche lei al posto del marito, che era assente, altrimenti sarebbe toccato a lui. Questi furono episodi brutti per tutto il paese. *

**Per una migliore comprensione dell'accaduto vedere l'intervista 5 a Maria Micheli.*

Cosa accadde nei giorni successivi?

Stavano tutti zitti, tutti impauriti. Cose brutte, bruttissime da ricordare.

Parlami dei prigionieri.

C'era il periodo in cui i prigionieri, dopo esser scappati, si nascosero qui. Uno stava dentro il forno. In una casetta di Ginetta c'era un forno dentro la cucina, perché prima lì ci cuocevano il pane e altri cibi. Questa lo nascose lì dentro con una fascina davanti. I fascisti rastrellavano la zona, non i tedeschi. Si facevano chiamare i nazi-fascisti ma erano italiani. C'erano vari altri prigionieri tutti nascosti, specie nelle campagne. Invece in Amandola uno lo presero e gli fecero cose inimmaginabili. A Monte san Martino un'altra li nascose nella stalla, ne erano tre, tutti americani. Poi ci sono stati altri da Pasqualina, un cipriota, uno slavo. Quelli americani li ho visti poco, invece quello slavo più volte. Era biondo e ha anche avuto una figlia con una di qui. Dopo in campagna ce n'erano molti. Benedetta la donna di servizio del curato, Don Curzio, stava a San Venanzo e portava loro da mangiare. Erano pieni di pidocchi, pieni di sporco. Stavano giù la valle, verso il Tenna. C'erano anche tante persone che gli facevano del bene, li nascondevano anche se era pericoloso.

Come si sapeva dei prigionieri nascosti?
Si passava la voce, allora si conversava molto. *

** I contadini, quando ancora non esisteva la televisione, erano soliti, soprattutto nei giorni di pioggia fare le riparazioni degli attrezzi. A volte andavano dal fabbro che diventava il luogo anche per scambiarsi una parola. Non potevano entrare nei caffè, luoghi riservati ai signori. Il notaio Ettore Papi fu sentito ammonire il proprio contadino in questo modo: "Tu devi venire in paese solo per due motivi: per chiamare il medico o il veterinario!"*

Non c'era il pericolo che chi era rimasto fascista potesse fare la spia?

Prima c'erano i fascisti ma quando se la sono vista brutta, che c'è stato l'armistizio, allora sono stati zitti. Si sono incominciati ad impaurire e dopo nessuno portava più la camicia nera. Tutti indossavano un'altra camicia. Chi la portava era malvisto. Una volta mamma è andata in campagna e portava un vestito bianco e nero. Ho visto passare, tutti incravattati, quattro o cinque uomini armati. Iniziai a pensare: "O mio Dio mamma porta il vestito nero!". Sono partita e ho corso quattro-cinque chilometri per portarle un altro vestito. C'era paura.

I partigiani, dopo l'episodio delle uccisioni in paese, come furono visti? La loro percezione cambiò?

La loro reputazione non era delle migliori, anche loro hanno fatto quello che non dovevano fare. Anche qui, come in altri posti, ne hanno uccisi tanti. Dopo aprirono i sili (contenitori di cereali, foraggio...) e tutti andarono a prendere il grano, molti non avevano neanche più un pezzo di pane, niente. Quando arrivò la fine della guerra non c'era più niente da mangiare.

I partigiani che venivano qui, arrivavano dalla montagna, da Piobbico, da Sarnano?

C'era a Sarnano un gruppo, quelli di qui partivano e si univano agli altri. Si passavano la voce, ma non so come funzionava.

Questi prigionieri nascosti li hai mai incontrati, hai mai avuto modo di parlarci?

Sì, con quelli nascosti in paese. Ce n'era uno che si chiamava Costa. C'erano prigionieri polacchi, qualcuno era cipriota...Appena fuggiti dal campo in molti si riversarono qui. In quel periodo si diceva che i tedeschi sarebbero passati per di qua. Si credeva che avrebbero messo la linea qui, così saremmo morti

**Dopo la battaglia di Montecassino, 18 maggio 1944, la linea difensiva tedesca in Italia, denominata Gustav, cedette all'avanzata alleata. I tedeschi arretrarono il fronte lungo una linea immaginaria che univa La Spezia e Rimini, la linea gotica. Tuttavia, durante la ritirata, i tedeschi misero in atto tutta una serie di provvedimenti volti ad ostacolare l'avanzata nemica, come ad esempio sabotare le vie di comunicazione. Per questo nella sera del 19 giugno 1944 minarono e fecero esplodere il ponte di Servigliano, dove passava anche la linea ferroviaria.*

tutti. La gente ripeteva: "Si salvi chi si può salvare e portate via qualcosa perché questi fanno piazza pulita." Io e mamma abbiamo preparato due canestri di biancheria perché allora non c'erano le valigie. Poi li abbiamo portati su in campagna e seppelliti in un buco nel terreno. A quel tempo le pensavamo tutte. Una contadina aveva quei contenitori per l'uva, li aveva riempiti di grano, li aveva chiusi per poi nasconderli. Poi passò una e disse che i tedeschi erano arrivati al camposanto. Allora di notte io e mamma prendemmo i canestri e camminammo per quattro, cinque chilometri. C'era una famiglia di Amandola, il contadino e il padrone e ci chiesero che cosa stava succedendo. Poco dopo abbiamo sentito un rumore forte come se fosse scoppiata una bomba. C'era uno che aveva fatto la guerra che cominciò a strepitare: "Oh siamo salvi, siamo salvi…".

"Ma che dici, non senti che ha sparato?"

"Eh no, qui è saltato un ponte *, non si fermano più qui".

Infatti arrivarono al campo santo, poi tornarono indietro per piazzarsi più in là verso Macerata. Si dice che questo comandante dei tedeschi, che guidava le truppe, l'abbiano fucilato, perché aveva sbagliato. Basta, non c'era più paura, era la liberazione.

Chi furono i primi ad arrivare in paese?

Questo non ricordo. So che fu tutta una festa, ma che scherzi? Allora di forestieri ce n'erano tanti. In paese eravamo duemila, con persone anche di Ancona e Macerata. Era gente venuta qui per nascondersi. Credevano che questa fosse una zona più sicura, tranquilla. Almeno qui si mangiava. Il fatto del ponte era considerato un miracolo. C'era un crocifisso che in molti credevano miracoloso, qui da noi si prese l'abitudine di fare sempre una messa per ringraziarlo. Da quel momento incominciarono a cambiare le cose. Dopo i prigionieri

partirono e andarono via.

E**ri al corrente che tra gli sfollati di Monte san Martino c'era una famiglia di ebrei? Li hai mai incontrati?**

Come no, gli aveva dato la casa Stortini. Era una persona che ci sapeva fare, non era partigiano anche se li aiutò. Li nascose in casa e tutti zitti, nessuno fece la spia. Anche i fascisti di Monte San Martino non dissero niente, anche se sapevano….

Questa era una famiglia di Ancona, commercianti di stoffe che, quando le cose iniziarono a precipitare, individuarono tra i clienti quelli che abitavano nei paesi più sperduti e scelsero proprio Monte San Martino per nascondersi. Vennero qua e rimasero nascosti fino

alla liberazione. Hai mai avuto un incontro con loro? *

Ma, forse sì.

**Nel 1936, grazie anche alla vittoria del generale Franco in Spagna supportato dalle truppe naziste e fasciste, Italia e Germania si avvicinarono a tal punto da formare un vero e proprio asse, Roma-Berlino. Questo comportò l'introduzione in Italia di alcuni elementi che imitavano il terzo Reich come le leggi razziali, ovvero dei «provvedimenti discriminatori contro gli ebrei in nome di una fantomatica purezza razziale»* (G. Carocci, op. cit., pag. 296). *Con l'occupazione nazista, avvenuta in seguito all'armistizio del 1943, numerosi ebrei italiani furono catturati e deportati nei campi di sterminio, alcuni riuscirono a salvarsi grazie all'aiuto di persone che li nascosero fino alla liberazione.*

Raccontami l'ultimo anno di guerra. Il paese era stato liberato, il fronte si trova lungo la linea gotica, La Spezia-Rimini. Che cosa ricordi fino al 1945?

Piano, piano… si stava aggiornati. Ma per far ritornare i militari c'è voluto… non sono rientrati subito. Qualcuno arrivò che sembrava uno scheletro, erano proprio stanchi della guerra, di tutto. Perché si formò questo gruppo di partigiani? Perché non se ne poteva più. Sai a Roma si diceva: "Do sta sto figlio de 'na mignotta (Mussolini)? Ce lo mangiamo a mozzichi (a morsi) noi". Causò la distruzione del quartiere San Lorenzo, uccise tanta gente. Le Fosse Ardeatine*… queste erano cose che si sapevano.

**Questi sono due fatti particolarmente tragici avvenuti durante la seconda guerra mondiale. La distruzione del quartiere San Lorenzo, come di altri quartieri di Roma, avvenne «alle 11 del mattino del 19 luglio, quando 500 bombardieri americani scortati da aerei inglesi sottoposero Roma ad un violento bombardamento.»* (R. Romanelli, op. cit., pag. 235) *Questo episodio rese ancora più evidenti le difficoltà del regime fascista e preannunciò la caduta di Mussolini. Le Fosse Ardeatine sono il luogo dove avvenne un altro grande eccidio di guerra. Durante l'occupazione nazista, a Roma, un Gruppo di azione patriottica uccise 33 militari tedeschi. Era il 23 marzo del 1944. Il giorno seguente i nazisti fucilarono per punizione 335 uomini, tra cui «detenuti, ebrei, antifascisti e militari badogliani» e gettarono i loro corpi nelle Fosse Ardeatine, divenuto poi memoriale e luogo di culto civile.*

Durante l'ultimo anno di guerra, si ascoltava la radio? Si era al corrente delle operazioni militari al nord Europa, degli alleati in Francia, le vicende di Berlino?

Di certo non si sapeva tutto con precisione, come adesso, però qualcosa sì. Molte cose le censuravano, come alcune lettere.

Quando è stata la prima volta che sei venuta a conoscenza dei campi di sterminio? *

Io li ho sempre sentiti questi campi di sterminio. Se ne parlava molto, anche durante la guerra. Ma sempre di nascosto…. si raccontava che quelle persone le portavano in Germania, Russia e che li cremavano. Ti fa rabbrividire per quanta gente è morta, quanti ebrei sono morti. Anche una figlia del re (Vittorio Emanuele) c'è morta. Fu fatta prigioniera e morì nel campo di sterminio, dopo l'armistizio. Non risparmiavano nessuno. Solo dopo abbiamo visto i tedeschi come tanti orchi cattivi. Anche i Russi, venimmo a sapere di tutte quelle persone che erano state trattate male, alcuni raccontavano quello che avevano visto.

**I campi di sterminio erano delle aree recintate e controllate da numerose guardie costruite durante la seconda guerra mondiale. Il loro nome deriva dal fatto che erano i luoghi deputati all'uccisione, sterminio degli internati civili. Qui Hitler fece imprigionare dissidenti politici, persone avverse al regime, i soggetti colpiti dalle leggi razziali e, in particolare, furono utilizzati per attuare la soluzione finale della questione ebraica, Endlösung der Judenfrage. Dal 1941 i nazisti perfezionarono i mezzi di uccisione di massa. «Nell'inverno del 1941 nel campo di Birkenau entrarono in funzione le prime camere a gas, e con esse furono perfezionati rituali e tecniche sofisticati per sveltire il processo eliminando ogni intoppo, una sorte di catena di montaggio della morte». Poi furono istallati i primi forni crematori per arrivare ad un totale di ebrei morti che oscilla tra i 5.300.000 e i 6.100.000. Questo genocidio viene ricordato con il termine di Olocausto o Shoa.*

Veniamo al dopoguerra, la gente si rimbocca le maniche…

… la gente si mette a lavorare ma, appena finita la guerra, ce n'era ben poco. Alcuni hanno iniziato ad emigrare, chi è andato in Toscana, come i miei parenti di Amandola, perché si vendevano dei lotti di terra a poco prezzo. I contadini iniziarono a prendere di più. Questo già prima della guerra, il padrone si teneva il 43% del raccolto e il contadino il resto. Cambiarono un po' di cose e, dopo la guerra, i possidenti terreni iniziarono a vendere e questi campi furono acquistati dai contadini. Cambiò il sistema, poi, piano piano, arrivarono le fabbriche. In quegli anni si lavorava, non si pensava a tanti grilli sulla testa. A tempo di guerra, ma anche dopo, si risparmiava su tutto, non si buttava via niente, non si poteva. Come per gli indumenti, le giacche degli uomini si giravano. Per tornare a buttar via la roba ci sono volute le fabbriche, questo... dopo è successo che i genitori andavano a lavorare in campagna e i figli in fabbrica e la società è cambiata. Però secondo me si è fatto troppo. *

**La situazione economica nel dopoguerra era molto precaria. In Italia, durante la prima fase di ricostruzione, furono determinanti le scelte del nuovo governo. Da una parte la politica economica dell'era De Gasperi riuscì a far fronte «alla crisi post-bellica, l'inflazione e il deficit del bilancio unicamente con la restrizione del credito e degli investimenti»* (G. Carocci, op cit., pag. 343) *Fondamentale per la mancanza di capitali furono gli aiuti che giunsero dall'America: il Piano Marshall. Infine, una spinta di tendenze capitalistiche favorì la ripresa e lo sviluppo industriale, raggiungendo livelli mai visti prima. Proprio tra gli anni Cinquanta e Sessanta l'economia conobbe uno sviluppo poderoso, tanto da definirlo boom economico o miracolo economico italiano. In quegli anni l'incremento annuo del reddito nazionale si aggirava intorno al 6%.*

Dicevi che la gente ha voluto anche dimenticare la guerra, il passato, molto è stato rimosso, tutto quel dolore.

Della mia famiglia nessuno è stato prigioniero sotto le armi. Da parte di babbo qualcuno sì. Uno è stato in America e ritornò qua con la testa un po' montata...quelli della mia età partirono ma tornarono anche subito, in seguito all'armistizio. Anche loro si sono dovuti nascondere, c'è stato un momento brutto.

I fatti dolorosi di Monte san Martino furono cancellati?

Non sono stati mai cancellati, secondo me, anche se adesso non c'è più nessuno che li racconta, quelli che l'hanno vissuti. Di qui, che possono ricordarselo chi c'è? Chi è rimasto?

Pensi che quegli episodi sono una ferita rimarginata o ancora aperta?

Credo non ci pensi più nessuno, possiamo solo guardare al futuro con ottimismo. Dopo è anche venuta tutta questa abbondanza, libertà, dove tutto è permesso, tutto pronto. Questi di adesso non capiscono niente, scusate eh… non sanno quello che significa risparmio. Non lo arrivano a capire. Io tante volte a questo mio nipote che va sempre in giro, come in Cina, a volte gli chiedo: "Ma come vivono là le persone?". "Poveri" mi risponde. "Ma non ti è venuto mai pensato… chi non l'ha vissuta la povertà, non lo sa".

Subito dopo la guerra, come era il rapporto tra quelli che prima erano fascisti e quelli che erano stati partigiani?

C'era chi aveva rancore ma altrimenti finito tutto, penso io. Poi dipende dall'animo della persona.

Quelli che erano fascisti, che andavano a controllare in giro, dopo la guerra come venivano visti dalle persone del posto?

La guardia la uccisero, invece c'era un altro che visse normalmente, come tutti. Dopo finì la rabbia, il rancore. Qui ce

n'erano parecchi di fascisti ma dopo basta.

Che messaggio vuoi dare ai giovani di oggi?

Io non so spiegare quello che vorrei dire. Gli chiederei di guardare anche a chi non ha niente, di leggere la storia. C'è troppo spreco, bisognerebbe far lavorare un po' di più il cervello, di stare attenti anche nel mangiare. Adesso è sempre tutto pronto, questi ragazzi non sanno fare niente.

Quando è finita la guerra, nel 1950, c'è stato l'Anno Santo e siamo andati a Roma per il Giubileo. Allora qui c'era un frate di Roma e chiesi a mia madre di andarci. Mi rispose "Ma che ti sei ammattita? No, io non ci vado, mi fa male la gamba" - (aveva la sciatica). Io invece continuavo a pregarla come si pregano i santi della chiesa e infine siamo andati. Ci siamo portate il pranzo al sacco per tre giorni. Mamma mi avvisò fin da subito: "Mettiti in testa che non si spendono i soldi!". Siamo andate a Roma tutte contente, era una festa, ma senza pretesa. Siamo state lì tre giorni, abbiamo dormito dentro la corriera. Tutta la notte si rideva e si scherzava. La seconda notte l'autista ci portò a vedere tutta Roma. Siamo state sui colli fino a tardi. Lo faceva anche per farci stare zitti, eravamo giovani. Non abbiamo speso una lira, siamo stati felici e contenti, ecco tutto. Ci siamo divertiti immensamente. Adesso non c'è più questo, deve essere tutto comodo, fatto bene. I giovani non sanno più quello che vogliono. Anche ora non riesco a buttar via le cose, così come quelli della mia età.

Fine

MARIA GIANNINI

Smerillo

Classe 1912

Maria Giannini nata il 22 marzo 1912 a Smerillo, ha vissuto una vita lunga e avventurosa (ha trascorso quasi 20 anni in Sudan dove il marito lavorava per l'Agip/Eni), si è spenta nella sua casa, in contrada Val Tenna, all'età di 106 anni, nel 2018.

Degli anni Venti, appena sposata, cosa ci puoi raccontare? Che si faceva? Tuo marito?

Quelli di casa mia non erano contenti che mi sposavo. Il matrimonio fu una cosa paurosa (straordinaria) perché aveva pianificato tutto lui, anche il viaggio a Roma per andare a trovare il Papa. Era l'Anno Santo. Era tutto organizzato però quelli di casa mia non erano troppo contenti. Non riuscirò mai a capire perché papà e mamma, persone adulte e intelligenti, si comportarono così. Io avevo poco più di vent'anni e non capivo niente all'epoca. Solo quel poco che intendevano tutte le ragazze. Arrivato il grande giorno, papà e i miei fratelli andarono a Servigliano e mi lasciarono sola. Questo ancora non mi va giù, mi è rimasto in testa, non riesco a concepirlo. Io quella mattina, era ancora buio, vedo mio padre partire per andare alla fiera. Gli dico: "Papà io stamattina mi devo sposare e tu vai via". Mi rispose: "Se dopo ti trovo qui, ti trovo, sennò ciao". Io mandai una lettera al mio futuro marito: "Ragazzo non venire più a sposarmi perché quelli di casa mia se ne sono andati via". Mi sopraggiunse un grande sconforto. Invece lui... se avesse dato retta a ciò che dicevo io… arrivò impeccabile, come doveva essere, con la madre e tutti i parenti. Io anche avevo tutto l'occorrente per sposarmi e andare in chiesa. Quando arrivò non aprii bocca, stavo seduta sulla sedia, più o meno come adesso. Lui da dietro mi prese e mi parlò: "Maria vatti a vestire". Io mi alzai, mi vestii con l'abito tutto preciso e mi misi dritta in mezzo ai suoi parenti, tutti zitti. Dovevamo essere in chiesa per le 10:30 e io reagì: "Andiamo che sennò facciamo tardi alla messa!" Allora tutti si spostarono e partii da sola. Poi finito tutto, non so come ho fatto a dire di sì... il senso del dovere.

Come si chiamava tuo marito?
Nazzareno Mecozzi.

Quanti figli avete avuto nel corso della vostra vita?

Ho avuto Angelo, Marisa che sta a Roma e Rosanna, tre. Pochi nipoti, quattro.

Sei anche bisnonna?
Si, mi sembra di sì.

Nel momento in cui l'Italia entra in guerra nel 1940, tu e tuo marito dove abitavate?

Appena sposata, dato che mio marito lavorava nel cantiere Agip, che adesso si chiama Eni, abitavamo a Sant'Angelo dei Lombardi (Avellino). Poi siamo andati in Sicilia, a Pachino, rientrammo qui quando avevamo due figli. Poi l'Agip andò in Africa, a Massaua, per aprire i pozzi. Allora tutti i lavoratori che erano in Italia partirono per andare lì. Io ritornai qui con i bambini, a Valtenna (Amandola), questo nel 1937. Poi mio marito fu fatto prigioniero in Africa e io prendevo uno stipendio, che mi dava il governo, un sussidio alle

**La città portuale di Massaua, come tutta l'Eritrea, era colonia italiana fin dalla fine dell'Ottocento (1890). Proprio da questa regione partì l'offensiva di Mussolini per conquistare l'Etiopia nel 1935. Il 9 maggio del 1936 le regioni italiane del Corno d'Africa vennero unificate nell'Africa Orientale Italiana (AOI). Durante la Seconda Guerra Mondiale (2GM), nella primavera del 1941, l'Eritrea venne occupata dalle forze inglesi e, dopo la durissima battaglia di Cheren, cadde anche Massua, che divenne un porto strategico in mano agli Alleati. Gli storici Sabbatucci e Vidotto commentano così questo episodio: «Fu un altro durissimo colpo per il prestigio dell'Italia, ormai costretta a rinunciare a ogni sogno di «guerra parallela» e ridotta ovunque a recitare il ruolo dell'alleato subalterno».* (G. Sabbatucci e V. Vidotto, op. cit., pag. 430) *Alla fine della Seconda Guerra Mondiale, con il progressivo smantellamento degli imperi coloniali, l'Eritrea divenne provincia dell'impero d'Etiopia, pur conservando una certa autonomia.*

mogli rimaste in Italia. Io con quei soldi comprai questa casa. L'abitazione era vincolata da un contratto e si poteva liberare soltanto con la vendita, ma nessuno all'epoca poteva permetterselo. Con la paga di mio marito riuscii nell'impresa. A farlo prigioniero furono gli inglesi a Massaua. Il comando di quelle terre era, infatti, anglo-egiziano perché comandavano gli inglesi e gli egiziani. L'Agip era andata a scavare nel Mar Rosso, presso le isole Dahlak, lungo il canale di Massua. * Gli uomini erano contenti di andare là, anche perché prendevano tre volte di più rispetto a qui. Mio marito partì e solo dopo scoppiò la guerra, alla fine del 1938. Noi non sapevamo molto. Non c'era molta comunicazione, nessuno ti faceva sapere niente. Io avevo una piccola radiolina, però di queste cose, come lo scoppio della guerra, all'inizio, non si dava importanza. Era una cosa che credevamo lontana, sulla luna, poi capimmo che coinvolgeva anche a noi.

Nel 1939 la guerra era già arrivata. In campagna la si percepiva poco, c'erano solo gli aerei, i bombardieri che passavo in cielo. Qui vicino passavano quelli che mitragliavano, quegli aerei piccoli, che avevano un solo pilota, ispezionavano la ferrovia, per tutta la vallata. **

***La linea ferroviaria Amandola-Porto San Giorgio fu inaugurata il 14 dicembre 1908. Lo scopo era quello di unire i piccoli paesi della valle del Tenna permettendo spostamenti più rapidi tra la montagna e il mare. Risultò utile anche durante i due conflitti mondiali, specie per tutti quei trasporti che riguardavano il campo di prigionia di Servigliano: approvvigionamento, trasporto prigionieri... Durante il secondo conflitto mondiale subì numerosi danni tanto che il servizio venne sospeso e riprese solo nel 1949. Nel 1956, infine, venne smantellata per il poco utilizzo e l'aggiornamento dei mezzi di trasporto pubblico.*

La guerra continua fino all'armistizio.

Noi non credevamo che la guerra sarebbe stata così atroce, così lunga. Dopo l'armistizio quelli che erano là rimasero là, quelli che stavano qua rimasero qua. Così mio marito rimase in Africa per quasi dieci anni. Pensate, era partito con l'Agip per stare un anno e prendere qualche soldo in più.

Dopo l'armistizio che situazione si creò qui e che cosa sai dei prigionieri evasi dal campo di Servigliano, cosa avete fatto per loro?

Io non ho fatto quasi niente anche se, quando venivano, gli preparavo da mangiare. Spesso tenevamo le salsicce e altri cibi appesi; loro li prendevano, li cucinavano e scappavano via. Questi fuggiaschi è vero che entravano e rubavano nelle case, ma non facevano nulla di male, avevano fame. Poi arrivarono i tedeschi per controllare se noi ospitavamo questa gente. Dopo l'armistizio il campo fu aperto, i silos anche. Questa gente si nascondeva nei fossi e di notte andavano dai contadini per mangiare. Noi tutti preparavamo qualcosa per farglielo portare via, oppure glielo facevamo arrivare sotto il ponte, sempre di notte.

Quanti ne erano nascosti da queste parti?

Tanti, perché venivano dietro casa anche in gruppi di otto-dieci persone. Una sera qui vennero i tedeschi ad ispezionare. Per fortuna è andato tutto bene, ma se ti prendevano con dei prigionieri nascosti ti portavano nel campo di concentramento. Avevo due bambini piccoli, mi è andata sempre bene. Dopo, nel '40 iniziai a fare le valigie per portarle a Roma.

Raccontaci del mercato nero. *

Portavo il pane a chi aveva fame e si scambiavano beni di prima necessità, come i lenzuoli. Allora non avevo la cognizione del pericolo e delle conseguenze, sennò non l'avrei fatto. Qui lo intraprendevano tutti, uomini e donne, ci mettevamo d'accordo e partivamo. Ricordo ancora quando mettevamo la valigia sul treno e, se passavano i controlli della polizia, rispondevamo: "La mia non è, la mia non è". A Porto san Giorgio ci lasciavano passare, per fortuna, è andata sempre molto bene. Portavamo file di pane, le uova... Io a Roma ci sono arrivata una volta sola perché di solito ci fermavamo a Monte Rotondo e scaricavamo lì. Anche io, le altre erano peggio di me, non avevo la cognizione di ciò che ci poteva capitare, questo l'ho capito dopo. Ho rischiato il campo di concentramento, di essere ammazzata...

**Il mercato nero si sviluppò in Italia durante la Seconda Guerra Mondiale. Le cause che portarono alla crescita di compra-vendite illegali furono diverse:*

1. *La difficoltà nel reperire alcuni beni di prima necessità;*
2. *La scarsa quantità di beni che si potevano ottenere con le tessere annonarie e la pessima gestione nella distribuzione degli stessi;*
3. *In particolar modo dopo l'armistizio del 1943, la mancata sorveglianza dell'autorità statale.*

In questo modo si crearono delle zone, specialmente vicino alle grandi città come Roma, dove proliferavano scambi illeciti. I prezzi di alcuni beni subirono in quegli anni una forte impennata a causa della difficoltà nel reperirli e dell'inflazione. Inoltre, chi veniva sorpreso a contrabbandare poteva incorrere in sanzioni severissime. Infine, per arginare il problema, il 20 settembre del 1943 il feldmaresciallo Kesserling, comandante delle truppe naziste in Italia, emanò un'ordinanza che recitava:

"Par. I: Chiunque approfittando di una momentanea scarsezza di merci, particolarmente quelle del quotidiano uso destinate ai bisogni della popolazione, ingiustamente le trattiene, è punito con la pena di morte. Nei casi meno gravi la pena si può ridurre alla reclusione o prigione.

Par. II: La stessa pena colpisce colui che approfittandosi di una momentanea scarsezza di merci specialmente riguardanti i bisogni quotidiani, pretende, accetta o si fa prometter prezzi che gli permetterebbero un guadagno sproporzionato e che non è in relazione con il vero valore delle merci stesse" (Antonio Millozzi, Ricordi di guerra, raccolta di atti e documenti, Monte san Martino Trust, 2012, pag. 52)

Ti ricordi qualche episodio avvenuto dopo l'Armistizio e prima della Liberazione?

Dopo l'Armistizio sono successe cose incredibili. A Monte San Martino ci sono state numerose vendette. C'erano i Mietti che avevano un negozio. Il marito, fascista, era fuggito e, per vendetta, i partigiani presero la moglie e la figlia. Spararono alla madre con la figlia abbracciata perché non potevano acchiappare il marito. A Monte San Martino c'erano poi dei ragazzi innocenti che vestivano con la camicia nera e allora i partigiani li misero addosso al muro e li fucilarono. Un altro episodio si svolse presso la stazione di Monte San Martino. Qui c'erano i sili pieni di grano e i partigiani li aprirono. Si fermarono qui da me verso le tre di notte. Era di gennaio, c'era tanta neve. Erano gli stessi che avevano preso delle vacche da un contadino e passavano di qui per andare alla stazione. La mattina dopo andammo tutti giù, io non so quanti sacchi abbiamo riempito. Anche se passava l'aereo continuavamo e se potevamo li riportavamo a casa. Altrimenti li lasciavamo lì e quando tornava la calma, prendevamo il carro con le vacche e caricavamo il grano.

Allora tu, una donna da sola, con i figli piccoli e i genitori anziani, hai portato avanti la famiglia da sola, come hai fatto?

È andata bene, bene, io facevo tutto. Avevo un negozietto di generi alimentari. Vendevo olio, poi avevo le tessere, ad ogni famiglia gli potevo dare 100 grammi di una cosa. Con queste tessere dieci persone prendevano un pezzo di sapone e un litro d'olio.

Andavo anche dai contadini di Val di Tenna per prendere le uova che rivendevo in negozio. Così mi sono mantenuta, non ho patito la miseria durante la guerra, per niente. Non ho capito la povertà. Si stava comunque attenti, non si sprecava nulla, le scarpe le compravo poi le nascondevo per quando tornava mio marito. Dopo passò uno, un delinquente di Napoli, prese possesso del comune di Smerillo e venne qua abusivamente per accusarmi che vendevo roba al mercato nero. Lui mi minacciò con la pistola e mi fece scrivere ciò che voleva lui. Mi ordinava: "Scrivi che tu hai nascosto questa roba per venderla al mercato nero.» e io dovevo scrivere. Questo foglio andò a Montegiorgio dove c'era lo smistamento. Quando mi chiamarono, gli feci capire che mi aveva obbligato e così mi scagionò.

Questo napoletano era fascista o un politico, che ruolo ricopriva?

Niente, era uno che aveva preso possesso del comune. Dopo però intervennero i contadini...

Questo è accaduto dopo l'armistizio?

Adesso non mi ricordo.

Tu eri un'eccezione, una donna che manda avanti l'attività e la famiglia, o era normale che le donne portassero avanti ogni cosa?

Era normale nel caso in cui i mariti fossero assenti. Mio marito era al sicuro in Africa e io mandavo avanti quello che potevo. Non mi voglio vantare ma me la sono cavata.

Durante la guerra quindi la donna ha avuto un ruolo importante mentre i mariti erano o prigionieri o a combattere. Prima non era così, era l'uomo che portava avanti le cose.

Quando mancarono gli uomini, le donne capaci si misero sotto. Io ce l'ho questa grinta, ho una grinta! Non ebbi paura. Non so perché io non ho avuto paura. Per esempio quando venne il napoletano, venne finanche in camera per controllare se avevo nascosto qualcosa. Io piangevo per smentirlo e ripetevo che avevo messo da parte quelle cose per me e non per venderle. Quella volta mi prese e mi obbligò a scrivere il foglio e firmarlo. Io mi rifiutavo perché non era vero. Lui mi prese, mi strinse e mi attaccò alla finestra urlandomi: "Se non firmi ti butto di sotto!". Ma io non ebbi paura, adesso mi ci viene da ridere...

Mio marito poi tornò dall'Africa dopo nove anni e mezzo, nel 1947. Quando tornò Nazzareno, hai presente il principe di Inghilterra? Uguale. Vestito tutto di bianco, come un principe. Quanto era bello. Ho aspettato per due giorni alla stazione per riceverlo perché i bambini lui li aveva lasciati piccoli ed erano cresciuti. Non arrivava mai ed io quel giorno che arrivò mi ero buttata sul letto a piangere, credevo non sarebbe più tornato. Invece tutti iniziarono a gridare: "Nazzareno, Nazzareno". Corsi fuori casa senza scarpe, sapevo che lui odiava vedermi scalza. Tornai indietro, mi misi le ciabatte e gli corsi incontro. Io mi vergognavo, mi sono vergognata per quasi una settimana a stargli vicino. Per quanto era bello, raffinato, quando a tavola usava coltello e forchetta tutto preciso.

Nazzareno parlava inglese?

Sì, era stato con gli inglesi.

Ad un certo punto decidete di tornare in Africa assieme, quando?

Si perché lui dopo questa prigionia, a guerra finita, non si fermò a Massaua ma andò ad Asmara. Lì entrò in contatto con una agenzia inglese che cercava esperti per la perforazione nel Sudan. Nazzareno voleva lavorare perché era libero. Doveva andare in Arabia Saudita, aveva preso già un anticipo da una società americana. Poi si incontrò con questi ingegneri inglesi che lo convinsero: "C'è posto per te in Sudan, va là e sarai tu a capo della trivellazione". Mio marito era un esperto. Rispose: "Ma io ho già preso accordi con gli americani". Gli spiegarono che ci avrebbero pensato loro a dare indietro i soldi ricevuti e sistemare ogni cosa per farlo andare in Sudan.

Dopo la guerra tutti gli uomini sono tornati a casa, meno che lui, perché fece un contratto con il governo Sudanese per due anni.

Finiti questi due anni gli furono dati tre mesi di vacanza. In questo periodo è tornato a casa e si era già organizzato per portarci giù. Allora ci siamo preparati e siamo partiti per l'Africa. Che bello, che bello... la nave... eravamo entusiasti, non avevamo mai viaggiato così lontano. Inoltre c'erano molte cose nuove, a cui non eravamo abituati. C'era la servitù, il viaggio in prima classe, pagato dal governo. Siamo rimasti diciotto-diciannove anni in Africa insieme, io ci avrei messo la firma per tutta la vita. Abbiamo imparato la lingua, abbiamo fatto amicizia, avevamo una casa molto bella, fatta dai muratori di Nazzareno, seguendo i suoi gusti. Inoltre eravamo vicino alla capitale Khartoum. Poi c'era uno spazio, perché i capi gli avevano detto: "Prendi lo spazio che tu vuoi", con il campo di calcio, altre case in mattoni, era un vero e proprio villaggio. Poi c'era la FAO di Roma, dove ha anche lavorato la mia prima figlia Marisa. Dopo gli studi è venuta in Italia per lavorare prima in Vaticano e poi alla FAO. In quel periodo non c'era la gioventù che parlava inglese, e questa organizzazione aveva fatto una scuola interna affinché qualcuno imparasse bene la lingua. Era nata per aiutare i paesi sottosviluppati. Con gli anni è diventata immensa, con sede sull'Aventino. *

**La FAO è l'organizzazione delle Nazioni Unite per l'alimentazione e l'agricoltura. Venne fondata il 16 ottobre 1945 a Québec, in Canada. Lo scopo principale è quello di sostenere i paesi membri nei problemi legati all'alimentazione, come la fame cronica, attuando piani di sviluppo agricolo e di sostegno alimentare. Nel 1951 la sede è stata trasferita a Roma, nel Palazzo Fao, che ha sede nel colle Aventino.*

Poi avete deciso di tornare in Italia, per quali ragioni?

Il governo Sudanese, quando noi eravamo vicino alla capitale, chiese a Nazzareno di fare scuola a ventiquattro ragazzi. Gli dava lezioni sul lavoro e in più qualcosa di teoria. Poi venne l'ispettore della Fao a controllare e, infine, tutta questa organizzazione la dettero in mano ai locali. I sudanesi, una volta istruiti, dovevano prendere la situazione in mano, e gli inglesi gli avrebbero lasciato il comando.

Dove avete abitato al ritorno in Italia?

In Italia Nazzareno aprì un negozio di carne suina, che durò poco. Poi successe il disastro, all'improvviso morì di infarto nel 1975. Da allora ho mandato avanti da sola la famiglia e l'attività. Angelo, mio figlio che lavorava a Taranto, venne ad aiutarmi ma non è andata bene. Dopo la prese in gestione Buratti, un ragazzo che aveva lavorato con me e mio marito, di San Martino al Faggio.

In cosa consiste il mal d'Africa.

Il fatto che non vorresti lasciarla mai, è tutto un altro modo di vivere. A quei tempi, adesso la gente è evoluta, il bianco era molto apprezzato, aveva tutte le comodità, aveva il rispetto. Nazzareno lo chiamavano capo ingegnere, pensa tu. Questo è il grande rispetto, aveva le squadre che lavorano per lui.

Ti voglio fare alcune domande per puntualizzare alcuni aspetti. Torniamo un attimo al ventennio fascista, come lo hai vissuto, qual è la tua opinione?

A quei tempi mi sembrava una cosa bella, che io vivevo con molta gioia. Facevo i vestiti ai Balilla e alle Piccole Italiane per le adunate. * Ho seguito sempre ogni cosa con molta cura. Alle femmine facevo la gonnella blu e la camicetta bianca mentre ai maschi i pantaloni alla zuava. Mi sono sempre mantenuta su questa linea. Mi è andata bene, anche per i figli. Allora c'era Mussolini, avevo una piccola radiolina. Me l'aveva installata il prete di Monte san Martino, non ce l'aveva nessuno e allora ascoltavo le varie notizie ed ero aggiornata.

**L'opera nazionale balilla organizzava la formazione extrascolastica dei giovani in base all'età e al sesso. A partire dai 6 anni i maschi entravano a far parte dei Figli della lupa (dai 6 agli 8 anni) per poi diventare Balilla (dagli 8 ai 14 anni) e infine Avanguardisti (dai 14 ai 18 anni). Le femmine invece diventavano Figlie della lupa (dai 6 agli 8 anni), poi le Piccole italiane (dagli 8 ai 13 anni) infine le Giovani italiane (dai 13 ai 18 anni). Raggiunta la maggiore età i ragazzi e le ragazze potevano entrare o nei fasci giovanili di combattimento o nelle giovani fasciste. Inoltre per gli studenti universitari c'erano i GUF, gruppi universitari fascisti.*

Parliamo del ruolo della donna, tu sei l'esempio di una figura che nel momento più difficile, durante la guerra, è stata sola. Prima penso che avessi un ruolo di sottomissione, penso, poi invece è stato di preminenza, hai preso la situazione in pugno e sei riuscita a portare avanti da sola la famiglia in assenza di Nazzareno. Che cosa è cambiato quando sei tornata dall'Africa? Prima voi donne non potevate votare, dopo sì; prima non potevate decidere, adesso sì: come vedi tu il ruolo della donna tra ieri ed oggi?

Adesso non riesco a parlare schietto, perché, francamente durante la guerra, le donne che avevano un uomo in casa erano limitate. Se invece erano come me, era ben diverso visto che dovevo pensare alla famiglia, a quello che capitava, in più a mio suocero e ai bambini che avevano paura più di me. Dovevo proteggere anche loro, per esempio si rinchiudevano quando sentivano bussare alla porta, avevano paura dei partigiani, o dei tedeschi. Io, invece, uscivo con la camicia da notte di corsa perché altrimenti buttavano giù la porta, ma non ho avuto mai paura. Una sera sono entrati vari partigiani e io mi sono presentata con la camicia da notte, c'era la neve. Erano quelli che avevano preso le vacche per poi andare ad aprire i sili alla stazione. La casa si era riempita di quella gente, non capivo una parola perché erano slavi, così ho preparato del cibo e del vino e l'ho messo in tavola. Per dire, a me è capitato che ci dovessi pensare io, perché mio marito era in Africa, per fortuna, e tutti mi chiedevano dove fosse, non mi credevano, dicevano che l'avevo nascosto. Sono venuti anche altri partigiani, mi hanno portato via la radio, poi ho saputo che erano tutti quelli di qui, possano morire ammazzati. Uno era di San Ruffino, anche lui era in mezzo a quei delinquenti che erano venuti qui. Era una banda.

Il ruolo della donna in Italia e in Africa.

La donna africana non ha un ruolo, la donna europea è un'altra cosa. In Africa comanda l'uomo. Però lì le donne sono molte furbe, molto più di noi. L'uomo aveva almeno due mogli e al massimo quattro, se era ricco. Però le doveva trattare tutte allo stesso modo, sia per il vestire e sia per andarci a letto, parliamoci chiaro. Una settimana con te e una con te, non si doveva sbagliare, perché altrimenti l'avrebbe pagata. Erano vere e proprie regole. Io ho visto uomini al mercato fare un mucchio di stoffa per una e un altro mucchio per un'altra... poi glieli regalava. Era l'uomo che comprava tutto. Tre donne, tre mucchi tutti uguali, come a letto. Le donne dedicavano un giorno intero per stare sul letto, farsi pulire e farsi preparare dalla servitù per l'arrivo dell'uomo. In quei giorni in cui stava con il marito doveva essere perfetta, si usava così, altrimenti lui andava dalle altre. Che roba!

Poi dentro la capanna vicino al letto c'era una buca profonda. L'uomo andava in giro per la campagna a raccogliere il legno profumato, il sandalo: è una pianta profumatissima. Dopo averne preso un mazzo lo portava alla sua amata. Si accendeva un fuoco in questa fossa con il legno profumato e lei si metteva sopra un banchetto a tre piedi completamente nuda, con una coperta, e si profuma. Doveva star lì anche per sudare, per buttar fuori tutto. Poi si prepara per quando arrivava il marito, altro che gli italiani....

Dopo la guerra le cose incominciano ad andare meglio, si va a votare, tu hai parlato di tua figlia che è diventata un responsabile alla Fao, quindi la donna di oggi è emancipata, ha fatto un lungo cammino rispetto alla tua gioventù. Da quando eri ragazzina agli anni sessanta è cambiato tanto, come vedi oggi l'emancipazione della donna?

Io vedo la donna di adesso non più pari all'uomo ma un po' più in alto. Prima il capo era l'uomo poi, lentamente, nel corso degli anni il suo controllo è diminuito. Io, se devo essere sincera, l'uomo non lo vedo più a capo della famiglia. Nessuno dei due può considerarsi capo, ci vorrebbe una bella riflessione su questo argomento. La donna è passata avanti. Io vedo l'uomo più ubbidiente, la donna, invece, decide, ordina e fa. Mi sembra che l'uomo adesso abbia più paura.

Secondo te la crisi del matrimonio nella contemporaneità è dovuta allo sbilanciamento nel rapporto?

L'uomo non ha più la potenza di un tempo perché non decide più sulla donna. Anche al matrimonio gli si dà meno importanza. Prima il poter avere una donna era una cosa extra preziosa.

Viviamo in tempi difficili, c'è questa paura degli attentati, del terrorismo, il mondo sembra essere tornato indietro. C'è uno scontro tra due civiltà: quella dell'Islam e quella Cristiana. Come la vedi?

Abbastanza male, abbastanza brutta. Noi abbiamo la nostra religione che è in un modo, loro in un altro, è una cosa troppo diversa, ma è differente proprio il modo di pensare Dio. Noi siamo donne e uomini naturali mentre le musulmane sono tagliate e agli uomini gli darei una bella scoppola. Però ho un po' di confusione io a parlare di queste cose, confrontarsi con i musulmani non è facile perché per loro è una questione di coccia, e tu che fai? Poi adesso il comando sulla femmina sembra che non c'è più, ma non credo che durerà tanto perché l'istinto è sempre quello. Potrebbe accadere che fra venti o trent'anni si ristabilisce il sistema duro. Adesso è un momento di passaggio ma arriverà un momento in cui si ristabiliranno la durezza, le leggi, le cose.

Tu che hai la possibilità di vedere a colpo occhio un secolo di storia, perché hai vissuto per cent'anni, come è cambiato il mondo dal 1912 ad oggi?

Io penso che siano cambiati anche i pianeti, sicuramente, per quanto è mutato.

In meglio o in peggio?

Mi ci vuole tempo per riflettere, se in meglio o in peggio. Adesso meglio non mi sembra, si sta bene, non manca niente, ma avere tutto è diventato avere troppo. Sono contenta di morire, ho l'impressione che il mondo vada così, è tondo, magari fra un millennio si ripassa sullo stesso punto.

Che messaggio vuoi lasciare alle nuove generazioni.

È un'impresa, mi tocca studiarci tutta la notte. Non si può parlare così, io la vedo difficile, sia l'uomo che la donna hanno perso le battute, vada come vada così dicono gli arabi, ma un corno!

Diresti ai giovani di non avere paura come tu non hai avuto paura?

Sarebbe una bella cosa, io non ho avuto mai paura di niente ma mi metto sulla gradazione della persona incosciente. Anche dei serpenti non ho avuto mai paura e lì ce n'erano di grossi, li vedevo che abbracciavano una pianta, ma tu lo guardi e ti allontani. Quello non morde, ti avvolge e basta, se ha fame, sennò sta fermo. Io sono stata un po' temeraria, mi sono introdotta dentro un bosco senza pensare a ciò che potesse capitare.

Maria ti ringrazio

Che bei discorsi che si sono fatti, sarebbe bello parlare tutti insieme più volte perché chiudersi dentro, nel silenzio, non va bene.

Fine

DELIA VIOZZI

Servigliano

Classe 1936

intervista a cura di Filippo Ieranò

Delia Viozzi nata nel 1936, abitava con la sua famiglia in contrada Terrabianca di Servigliano, rimase orfana a causa dell'occupazione tedesca.

La tua famiglia, come era composta?
Babbo, mamma e due figlie femmine. Sono nata il 28 marzo 1936, mia sorella il 25 aprile 1941.

Quindi tu quando c'è stata l'esecuzione, la morte dei tuoi genitori, avevi sette anni. Per cui sei in grado di ricordare qualcosa?
Sempre un po' scansato, non lo volevo ricordare.

Ti ricordi come è morta tua madre?
Di broncopolmonite mentre aspettava un bambino e ha dovuto abortire. C'era una signora lì, una proprietaria terriera, amica di mamma, che conosceva un certo tenente colonnello, un ufficiale medico, dottore. Mamma stava male e l'hanno chiamato per farla visitare. Ma non c'era più nulla da fare. In realtà ci informò che in America c'era la medicina per questa malattia però non si fece in tempo. Era la penicillina. *

**La penicillina fu scoperta nel 1928 dal medico-biologo scozzese Alexander Fleming. Sebbene inizialmente le sperimentazioni sugli esseri umani producevano scarsi risultati, il governo degli Stati Uniti, durante la seconda guerra mondiale, incentivò la ricerca e la produzione del farmaco. Per la prima volta nella storia nacque un'industria farmaceutica capace di produrre un quantitativo sufficiente di penicillina per il sostegno dei civili e dei soldati al fronte. Questa scoperta e la sua progressiva distribuzione su scala mondiale ha permesso di ridurre notevolmente il tasso di mortalità per le malattie come l'influenza, la polmonite e la broncopolmonite. Basti pensare che se nel 1900, nei paesi industrializzati, morivano circa duecento persone ogni centomila all'anno per queste patologie, nel 1984 ne morivano soltanto due su centomila.*

Dove abitavate?

Su, sopra il campo di concentramento, via Terrabianca.

I tuoi genitori sono Matilde Funari e Nicola Viozzi, abitavate lì.

Si e c'era anche mia sorella Graziella, aveva due anni.

Ti ricordi qualcosa di dove abitavate prima, c'erano fratelli, zii...

Prima eravamo una grande famiglia a Santa Vittoria. Poi ci siamo divisi e i miei genitori sono venuti qui.

Avevate preso questa terra in mezzadria?

Si, apparteneva a Lina Orazi, i vecchi proprietari di Villa Funari (Servigliano), la stessa che riuscì a far evitare la rappresaglia dei Tedeschi. Lei teneva in villa dei prigionieri nascosti: un ebreo e due inglesi.

Lei è riuscita ad evitare a Servigliano la rappresaglia dei Tedeschi perché era amica, per puro caso, di Stain, il comandante della postazione dei soldati a Servigliano. Questo perché nella prima guerra mondiale era un soldato austriaco che aveva lavorato presso questa famiglia ed era nata un'amicizia che è durata nel tempo. Per puro caso, ripeto, Stain è tornato a Servigliano dove è diventato comandate delle truppe stanziate qui. Lui avrebbe dovuto applicare la legge, l'editto di Kesselring *, ovvero uccidere dieci italiani per ogni ebreo nascosto. Questa signora, Lina Orazi, padrona di tutta la collina, era andata alla messa, era una donna di chiesa. Quando è uscita ha trovato due tedeschi con il fucile che l'hanno accompagnata fino alla villa perché qualcuno aveva fatto una soffiata, svelando che nascondeva tre prigionieri. Fortunatamente non li hanno trovati, c'era un nascondiglio sotto il soffitto a volta e i prigionieri furono avvisati in tempo.

Si, si chiamavano Bolek, Ottone e Andrea.

**Albert Kesserling fu un generale tedesco del più alto grado, Feldmaresciallo. Dopo aver combattuto su vari fronti, in seguito all'armistizio del 1943, assunse il controllo delle truppe naziste in Italia conducendo, sebbene senza fortuna, la campagna contro gli alleati che risalivano dalla Sicilia. Kesserling, inoltre, ordinò la pena di morte per ogni civile che avesse attaccato un soldato tedesco. Vista la poca importanza data a tale ordine, il feldmaresciallo decise più volte di uccidere dieci italiani per ogni soldato nazista assassinato. Questa proporzione fu scelta e applicata per la prima volta nella rappresaglia delle Fosse Ardeatine e poi diventò una prassi, talvolta aumentando anche il rapporto proporzionale. Per quanto riguarda gli italiani che ostacolavano il regime, come chi nascondeva prigionieri alleati o ebrei, furono pensate punizioni simili. In un ordine del 1943 si legge infatti: "Chi nasconde, ospita o, comunque aiuta in altro modo, appartenenti ad un esercito nemico, viene punito con la morte; in altri casi più leggeri con la reclusione o la prigione… Il comandante in capo del sud Feld maresciallo, Kessrling, Roma, 21 settembre 1943"* (A. Millozzi, op. cit., pag. 32-33) *Tutte queste misure erano volte a consolidare l'occupazione tedesca attraverso la creazione di un regime del terrore. Il generale non negò mai i crimini commessi e rimase sempre fedele al regime e al suo operato fino alla morte nel 1960.*

Tu come fai a conoscere i nomi?
Ero lì, stavamo sempre lì in villa a lavorare.

Ti ricordi il periodo dell'estate del 1943, seguito dal cambio tra Mussolini e Badoglio, * «lo sbandamento», che cosa mi puoi raccontare di quei giorni? Se ti ricordi bene, dopo qualche giorno, duemila prigionieri scappano dal campo.**

Mi ricordo che la signora Lina oltre a quei tre prigionieri ne nascondeva altri verso il fiume Tenna. Zio preparava il cibo per portarglielo.

** Il 25 luglio del 1943 si riunì il Gran consiglio del fascismo che, dopo aver sfiduciato Mussolini, procedette al suo arresto. Il re, Vittorio Emanuele III, nominò come capo del governo il maresciallo Pietro Badoglio, esponente di spicco del colonialismo italiano e comandante vittorioso dell'invasione in Etiopia del 1936. Questo, insieme al re, iniziò il percorso di avvicinamento agli Alleati che si concluse nel pomeriggio del 3 settembre con la firma dell'armistizio. Tuttavia la notizia fu resa nota solo l'8 di quel mese dal generale americano Eisenhower. Nel comunicato del maresciallo Badoglio, inoltre, non si specificava il cambio di alleanza ma «ordinava solo di reagire a eventuali attacchi da qualsiasi altra provenienza»* (R. Romanelli, op. cit., pag. 237)

*** Il campo di prigionia di Servigliano, attivo durante la seconda guerra mondiale, era uno spazio ricavato dalla metà del campo in uso durante la Grande Guerra. La sua capienza era di circa 2000 unità. I primi prigionieri alleati giunsero nel febbraio del 1942 e "il loro numero andò progressivamente crescendo fino a raggiungere la capienza massima nel maggio del 1942"* (Giuseppe Millozzi, I prigionieri alleati nelle Marche, Fondazione Ranieri Editore,Perugia 2008 pag. 36) *In seguito all'armistizio, alle notizie del possibile arrivo degli Alleati e dell'imminente rappresaglia tedesca, i prigionieri del campo di Servigliano, dopo aver realizzato una breccia sul muro nord, evasero, trovando rifugio lungo le colline circostanti e nella val Tenna. Molti di questi furono aiutati dalla gente del luogo.*

In quei giorni in paese notavi qualche differenza?

No, frequentavo poco, ma comunque credo poca differenza.

Sentivi dire qualcosa dai tuoi genitori? Ti ricordi qualcosa del secondo matrimonio, dopo la morte della mamma, avvenuto in quel periodo?

No, non ho assistito. Mi sono trovata questa donna in casa e mi è stato detto che sarebbe stata la mia futura mamma e di volerle bene, di rispettarla.

Sai la ragione di questo matrimonio veloce?

Sì, noi eravamo piccoli e babbo aveva bisogno di una donna che ci accudisse.

Quindi non avete avuto modo di conoscerla prima, Marina te la ricordi?

Aveva un bell'aspetto, mora, contadina. Era vestita bene, non era proprio giovane ma era sempre pulita e ordinata. Era una brava donna, si era ricostruita una famiglia.

Poi ti ricordi i giorni della fuga dei prigionieri, eravate vicini al campo, avete avuto modo di vedere queste persone. Che cosa dicevano i tuoi genitori, che se ne pensava?

Non mi ricordo di preciso. So che poi il campo era stato aperto e alcuni misero in giro la voce che si poteva entrare per prendere la roba. I miei genitori sono andati un'unica volta giù, sono stati presi e assassinati. Questo successe soprattutto a causa dell'insistenza della moglie, Marina.

La fuga dei prigionieri è avvenuta il 14 settembre, la vicenda che riguarda i suoi genitori il 2 ottobre, la morte di Marina l'8 di ottobre. Per cui erano passati più di quindici giorni, dove decine di contadini si erano più volte introdotti nel campo e, con loro, decine se non centinaia di soldati alleati. Questi erano fuggiti sperando di trovare soccorso, ma a volte non ci riuscirono, per cui rientrarono nel campo per prendere il necessario ad affrontare la notte. Allora quindici giorni dopo, la prima volta...

Sì, proprio sfortunati, prima di questo fatto di mio padre e della moglie, sai quanta gente aveva trafugato lenzuola, cibo, carne, scatolette. Allora lei disse: "Daje (dai) Nicò, andiamo anche noi, per un domani, facciamolo per le figlie".

Il 17 settembre arrivano i primi tedeschi ma nonostante questo, tre giorni dopo, si sono introdotti molti contadini poi il 3 ottobre suo padre.

Sì, era tra le nove e le dieci del mattino. Decidono di entrare nel campo che non era vigilato.

Inoltre ti fanno delle raccomandazioni, chi le fa?

C'era Marina che spingeva per fare la dote alle bambine. Inoltre in quel periodo seguivamo i loro ordini, per esempio ci dissero di non rivelare assolutamente dove era nascosto l'oro. Temevano l'arrivo dei tedeschi che poi, effettivamente, giunsero e fecero un disastro.

Quando partono per introdursi nel campo ti fanno qualche raccomandazione?

Sì, mi dissero: «Sta attenta a Graziella che noi torniamo subito.»

Chiedi dove vanno?

Lo sapevo, perché ne parlavano spesso. Quando hanno sparato e io avevo sentito, dissi a me stessa: “Oddio forse è capitato a loro”. Ho sentito questi spari, sempre in mattinata.

Secondo te hanno avuto il tempo di introdursi nel campo?

Non lo so, penso di sì ma non hanno fatto in tempo a prendere niente.

Nel documento, si parla di raffica di mitraglia. Dopo poco tempo che è successo?

È passata una donna, un’amica di famiglia, anche lei era lì e aveva visto tutto, forse era Elvira Pipponzi. Me lo ha raccontato Marina, mi sembra.

La conoscevi?

Lei è venuta verso la casa di Orazi, dove c'era la famiglia di mamma, c'era nonno, zia, zio. È stata lei ad annunciare quanto successo: “Correte che sono morti tutti”. Poi noi siamo andati a casa di nonno (di Matilde, la prima mamma), accompagnati da zia, che abitava lì la casetta affianco Funari.

Vi hanno raccontato quello che è accaduto?
No ma l'ho saputo, non me l'hanno raccontato.

Cosa ricordi di quello che le hanno raccontato?

Ricordo che è venuta questa signora e mi ha domandato dei miei genitori. Le dissi: "Non so, sono andati giù poi ho sentito gli spari." Quella aveva visto tutto. È scappata via verso casa di mamma, per avvertirli di correre dalle bambine che erano rimaste sole.

I tuoi genitori sono stati arrestati prima, me lo confermi?

Marina è andata all'ospedale ma è durata poco, sei giorni. In questa sparatoria la moglie di mio padre è rimasta ferita e così lui è scappato via per chiamare un dottore. I tedeschi lo hanno preso e l'hanno messo dentro una cella. Questo poverino, lì dentro non riusciva a stare tranquillo, allora l'hanno tirato fuori ma si è messo a correre e così gli hanno sparato. Chi non lo so, io ho sempre saputo i tedeschi. La prima ad essere colpita comunque era stata Marina.

Perché li hanno arrestati?

Perché erano andati nel campo come tutti e li hanno trovati lì dentro, credo. Babbo è stato ucciso fuori dal campo, Marina è stata ferita ma non so di preciso dove.

Erano gli unici che in quel giorno erano lì?

Mah, era sempre pieno, anche quel giorno c'era tanta gente.

Cosa ricordi dell'intervallo di tempo tra quella mattina e quello che accadde dopo? Per esempio mi è stato detto che non ci sono stati i funerali, è vero?

Questo non lo so, non mi hanno fatto vedere niente, non lo so...

Di Marina?

Niente l'hanno portata al pronto soccorso, all'ospedale di Montegiorgio ed è morta dopo qualche giorno. Penso che il suo funerale è stato celebrato.

Dopo questo fatto si sono verificati dei cambiamenti qui al campo di Servigliano, si sono introdotte altre persone?

Eh, molte. Dopo a tanti gli è andata bene e ci si sono arricchiti, anche dopo questo fatto. Sì, poi ricordo che in seguito il campo è stato proprio aperto*, chi, se tedeschi o inglesi, non lo so. Non mi ricordo bene quando, non ricordo tutti i particolari. Avevo sette anni.

È stato mai celebrato un processo per questo assassinio? Avete mai esposto denuncia verso ignoti?

Io no di sicuro.

In genere dopo il '45 sono stati effettuati dei lavori di ricerca sui crimini di guerra, anche io non ho trovato nulla negli archivi di Ascoli Piceno.

** Nella primavera del 1944 le truppe Alleate insieme all'esercito Cobelligerante Italiano e alle brigate partigiane procedevano nella vittoriosa, seppure lenta, riconquista dell'Italia. Il fronte tedesco era posto lungo la linea Gustav (dal confine tra Lazio e Campania ad Ortona in Abruzzo). I tedeschi usarono il monastero di Cassiamo come base strategica. «Cadde solo quattro mesi dopo sotto i colpi degli Alleati, che ridussero l'abbazia a un cumulo di macerie»* (R. Romanelli, op. cit., pag. 239) *I tedeschi furono sconfitti il 18 maggio del 1944 e costretti a retrocedere fino alla linea Gotica (linea difensiva che univa La Spezia-Rimini). Anche la zona dell'Adriatico marchigiano fu abbandonata nel maggio/giugno di quell'anno e il campo venne chiuso e lasciato alla custodia di poche guardie. Celebre fu un episodio avvenuto il 3 maggio del '44 quando un gruppo di partigiani combattenti diede avvio all'Operazione Servigliano. Tra questi militava il prof. Haym Vito Volterra, un ebreo di Ancona che si era rifugiato a Monte san Martino per sfuggire alla rappresaglia tedesca. Dopo essersi unito ai partigiani, Vito coinvolse anche degli ex- detenuti del campo di Servigliano per contattare, attraverso radio, il comando alleato. L'aviazione anglo-americana bombardò nella sera del 3 maggio del 1944 il muro del campo e permise la fuga di alcuni prigionieri anglo-maltesi ed ebrei lì internati. "Vito Volterrra emigrò in Israele nel 1951 dove venne decorato per i suoi meriti nella lotta contro il nazi-fascismo."* (A. Millozzi, op. cit., pag. 148) *Ad oggi viene ricordato come uno dei pochi partigiani di origine ebraica.*

No niente. Io quando ricordo questo fatto, mi pare ancora di sentire gli spari: tre colpi.

Sai che a Servigliano viene raccontata la vicenda di una famosa scazzottata dove era coinvolto il maresciallo.

Si, il maresciallo Di Bernardino con Manuel Serrano*, mulatto. Si erano incontrati appena fuori piazza, dove c'era lo spaccio. Questo si imbatte nel maresciallo e scoppiò una grande rissa.

**Manuel Serrano era un ex prigioniero americano del campo di Servigliano. Nativo di Brooklin, dopo la fuga si unì alla resistenza italiana, lottando contro l'occupazione tedesca fino alla liberazione. Divenne tanto celebre da essere conosciuto da molti come il «partigiano di Brooklin». Negli anni sessanta ha pubblicato un romanzo autobiografico. Nell'opera L'eccidio dimenticato, di Filippo Ieranò, viene riportato il testo che racconta della scazzottata avvenuta con il maresciallo Di Bernardino. «Nel breve testo l'autore ricorda i momenti della -resa dei conti- coi collaborazionisti, dopo la ritirata dei tedeschi...»* (Filippo Ieranò, L'eccidio dimenticato, KDP Edizioni, collana RADICI, 2017, pag. 84)

Ti ricordi della piazza, quali attività commerciali c'erano, era come adesso? C'erano i bar...

... sì, c'era il bar di Peppina, in piazza sempre, era il Bar Totti. Poi c'era lo spaccio e c'era Lelena, Elena madre di Zenà, che gestiva l'osteria del paese e dove si poteva anche andare a dormire. Poi c'era un'altra osteria, una cantina, di Riccardo Armellini, dove andavano a bere i soldati. Poi c'era la sartoria di Mario Pipponzi e un'altra di Renato Abbati.

Lo spaccio dove si trovava?

Lì dove adesso c'è la rosticceria, dove c'era stata la scazzottata. C'era anche la macelleria, il panettiere fuori dalle mura, lì al borgo, gestito da Marì la fornara, della famiglia Viti.

Tu eri piccola, ma ricordi quale era la sede dove erano alloggiati i tedeschi?

I tedeschi erano alloggiati lì a villa Funari, in mezzo alle canne, stavano dappertutto, prima si chiamava Villa Orazi. Erano di stanza sotto la villa. In piazza non c'erano, non particolarmente. Lì in villa c'era il comando con i mezzi, i trattori, i carri armati e le munizioni.

Adesso una considerazione, perché questo lungo silenzio. Tante persone hanno ricordato fatti della guerra, anche luttuosi, ma secondo te perché c'è stato questo lungo silenzio su questa vicenda?

Perché sembrava una vergogna, una cosa brutta penso, da non ricordare.

Invece perché adesso ne hai parlato e ti sei sentita liberata?

Perché è venuto lei, io qualcosa ho raccontato ai miei figli ma niente di più.

Che giudizio dai di quei fatti?

Era la guerra, questa è la giustificazione, poi tante cose non le so. È giustificazione di tutto, i tedeschi stavano qua per questo.

Dunque per evitare che accadano queste cose, bisogna fare in modo che...

...che le guerre non si facciano più, hanno distrutto tutto, ammazzato tutti, famiglie intere, ma non so per quale beneficio.

Fine

**Nicola Viozzi e Marina Lattanzi erano una giovane coppia, fresca di matrimonio. Avevano deciso, come molti altri, di entrare nel campo di prigionia, in seguito all'armistizio, per prendere quei beni lasciati incustoditi. Ogni cosa, per una famiglia umile di contadini, poteva essere d'aiuto, anche per il futuro delle due figlie ancora piccole. I coniugi decisero di intrufolarsi nel campo la mattina del 2 ottobre ma il caso volle che furono avvistati da un gruppo di soldati tedeschi di pattuglia. Nicola Viozzi venne catturato, fatto prigioniero e poi ucciso da una scarica di mitra mentre tentava di soccorrere la sua amata ferita. Marina Lattanzi venne ricoverata d'urgenza ma morì comunque l'8 ottobre nel reparto Chirurgia dell'ospedale di Fermo. Nell'atto di morte di Nicola Viozzi si legge che la morte, avvenuta il 2 ottobre del 1943 alle sette e trenta del mattino, è stata causata da una scarica di fucile mitragliatore per rappresaglia di truppe tedesche all'ingresso del locale ex Campo di concentramento. Per una conoscenza più approfondita dell'accaduto si consiglia la lettura del libro "L'eccidio dimenticato" di Filippo Ieranò. (vedi bibliografia).*

ASSUNTA VIOZZI

Santa Vittoria in Matenano

Classe 1933

Assunta Viozzi nata nel 1933 a Santa Vittoria ha vissuto la sua infanzia nei pressi della Stazione di Santa Vittoria, nella Valle del Tenna, suo padre era un ferroviere.

Il tempo della guerra.

Anche se c'era la guerra, prima in campagna era sempre una festa, quando si mieteva, si batteva il grano, quando c'era il granturco. Si volevano tutti bene per le contrade.

Dove sei nata e quando?

Io sono nata a Santa Vittoria il 12 novembre del 1933. Sono vissuta nella casa proprio vicino alla stazione. Mio padre ha lavorato in ferrovia per quarantadue anni. Faceva un po' di tutto, sapeva guidare il treno, curarsi dell'officina, lavorare con la corrente, aggiustare i fili quando si rompevano, ad esempio a causa della neve. Mamma, invece, era una donna di casa. Quando mio padre lavorava nella cabina della corrente elettrica poteva fermare e far ripartire il treno e, al tempo della guerra, prese molte paure. Spesso degli sconosciuti (i militari fascisti) gli ordinavano: "Leva la corrente che devi fermare il treno" magari con il fucile puntato contro. Nonostante la paura era coraggioso. Lavorava un giorno e una notte e poi stava a casa per un giorno e una notte. In quei tempi i giovani erano tutti sotto le armi, qui erano rimasti i vecchi, i bambini e le donne. Allora mio padre e mia madre andavano spesso ad aiutare nei campi, anche se non avevano un loro terreno, da buoni vicini. Prima si faceva tutto a mano, quando si faceva la battitura, il fieno, loro collaboravano sempre. Sotto la guerra, però, noi non abbiamo patito la fame, il pane si faceva a casa. Anche se mamma non aveva il grano, tutti gliene regalavano un po'. Non potevano venderglielo direttamente, non so perché.

Qual è il rapporto di tuo padre con l'autorità fascista?

Non era bello perché mio padre era molto intelligente, leggeva tanto, le cose le sapeva, magari se le teneva per lui, non le diceva a noi. Non se ne parlava molto perché non si poteva. Ma non era una cosa bella il fascismo perché dovevi fare così e basta. Chi non ubbidiva botte e niente lavoro. Mio padre, per conservarsi il lavoro, doveva restare zitto. *

**Uno degli strumenti che Mussolini adoperò maggiormente per il controllo dell'adesione al regime e l'eventuale repressione dei dissidenti fu l'Ovra (opera di vigilanza e di repressione all'antifascismo). Arturo Bocchini, uomo di fiducia del duce, fu messo a capo di questa organizzazione con la piena libertà di azione il 31 ottobre del 1926. Ci furono vere e proprie cacce a uomini e «in un paio d'anni Bocchini riuscì a sgominare ogni attiva resistenza antifascista»* (I. Montanelli e M. Cervi, op. cit., pag. 85)

Tuttavia quando ho votato la prima volta, sebbene lui avesse le sue idee, lo so, non mi ha mai detto di votare in un modo o in un altro, mai. "Perché - mi diceva- ti fanno votare raggiunta una certa età e devi votare con la testa tua." **

***Le donne, in Italia, ottennero il diritto di voto con il referendum istituzionale del 1946. In quell'anno gli italiani furono chiamati a votare per scegliere tra la Monarchia e la Repubblica. L'affluenza fu del 89,08% e votarono circa 13 milioni di donne. I risultati consultabili nella Gazzetta Ufficiale n. 134 del 20 giugno 1946 furono: Repubblica n. voti 12.672.767 e Monarchia n. voti 10.688.905.*

Qualche cenno alla figura di tuo fratello.

Mio fratello aveva otto anni meno di me, quando c'era la guerra era piccolino. Lui leggeva sempre, è morto a ventidue anni. Non aveva nemmeno imparato ad andare in bicicletta, stava sempre con il libro sulle mani, con i giornali, era molto intelligente e studiava per diventare avvocato. Quando stava male il professore che lo curava lo incalzava così: " Tu non sei adatto a fare l'avvocato perché loro sono sempre un po' imbroglioni, tu puoi fare solo il giudice". Si chiamava Raffaele, papà Giuseppe e mamma Maria, detta Mimma da tutti.

Ricordi il primo bombardamento aereo?

Sì, il primo bombardamento vero e proprio è stato giù alla Parapina (località che costeggia il fiume Tenna tra Servigliano e Santa Vittoria), furono due bombe. Io abitavo a Santa Vittoria ma andavo giù da una signorina che faceva la sarta. Imparavo il mestiere, ero una bambina. Allora lì c'erano dei prigionieri di guerra, ne erano due nascosti in quelle zone. Allora passò un aereo in cielo e noi: "Ah buttano giù i bigliettini! (della propaganda)" Uno di loro invece ci avvertì: "No sono bombe!!" Allora ci accasciammo tutti a terra, tenendoci al riparo. Ci fu un'esplosione enorme, caddero una di qua e una al di là della strada. Mi sembra che non ci furono feriti, perché precipitarono lontano dalle abitazioni. Poi, dopo, portarono l'apparecchio per mitragliare la stazione. Lo sentivamo perché stavamo lì vicino, c'erano tutti buchi, i treni fermi. Poi per due anni il treno non ha camminato perché i tedeschi hanno sabotato la centrale elettrica da cui veniva la corrente, si trovava lungo l'Aso.

Raccontiamo un paio di episodi della guerra civile, * ad esempio quella volta in cui tu hai visto un uomo saltare dal treno e qualcuno gli sparava dietro.

Il trenino si era fermato più a valle. Noi che abitavamo nella parte più alta abbiamo visto un uomo scendere dal treno e correre in mezzo ad un campo con un altro dietro che gli sparava. Vedevamo il grano che si muoveva tutto. Questo poi andò a finire nel canale dell'acqua dove c'era la centrale elettrica e si andò a nascondere nella campagna, bagnato come un pesce.

**Nell'ottobre del 1943 l'Italia è spaccata in due. A Sud, in seguito alla liberazione compiuta dagli alleati, il governo italiano fu affidato prima a Badoglio e poi a Ivanoe Bonomi, presidente del Comitato di liberazione nazionale. A nord invece nacque il 10 ottobre di quell'anno la Repubblica di Salò, guidata da Mussolini e appoggiata dal terzo Reich. La guerra civile si condusse tra due diverse fazioni. Da una parte c'erano i nazisti, che occupavano militarmente il territorio, sostenuti dai fascisti di Salò. Dall'altra c'erano gli alleati che risalivano la penisola da sud sostenuti dai partigiani, specie nelle zone montane, e nelle città dai Gruppi di azione patriottica, «piccole formazioni di tre o quattro uomini che compivano attentati contro militari o contro singole personalità tedesche e repubblichine.»* (G. Sabbatucci e V. Vidotto, op. cit., pag. 443)

Poi ci furono episodi anche di spiate, c'era una famiglia che faceva la spia.

Questa era una famiglia della stazione di Monte San Martino, però non so se va bene che lo dica.

Questo è accaduto prima o dopo della fuga dei prigionieri dal campo?

Questo proprio non te lo so dire.

Raccontiamo della fuga dei prigionieri dal campo, quella notte cosa accadde...

Quella notte mio padre lavorava. In quel periodo non avevamo i telefoni e c'era solo quello della ferrovia. Allora venne la signora della stazione, quando era ormai notte, e ci disse: "Ha telefonato Peppe", che sarebbe mio padre. Inoltre c'era mamma e la famiglia padrona di casa, lui faceva il ciabattino. Questo era il messaggio che ci ha recapitato: "Allora stanotte se sentite bussare la porta, non aprite, chiudete tutto, spegnete le luci, non fate entrare nessuno!". Mamma si chiedeva cosa fosse successo di così grave, poi c'era mio fratello che era ancora piccolino e io che ero poco più grande.

I prigionieri sono evasi il 14 settembre del 1943.

Sì, mio fratello non aveva ancora due anni. Allora in quel periodo la strada era di breccia e i prigionieri portavano gli scarponi. Allora mamma, sebbene avesse chiuso tutto, restò comunque sveglia. Infatti sentì dalla finestra, per tutta la notte, camminare lungo la strada. Nessuno bussò a casa nostra. Alla fine sono stata sveglia anche io. Poi successe una baraonda con l'arrivo dei tedeschi, non potevi parlare, c'erano i fascisti che facevano la spia, dovevi stare zitta perché non potevi mai sapere come la pensava quello che stava di fronte. Allora si è fatto giorno, tutto silenzio, e mio padre ancora doveva tornare dal lavoro. Mia madre, un po' timidamente, iniziò ad uscire di casa. Lì c'era come un avvallamento con una pianta. Inizialmente guardò intorno ma non vide nessuno, quando alla fine, vicino a questo albero, comparvero degli uomini vestiti tutti da soldati. Lei esclamò: "Ma questi come ci stanno qua?", non se ne intendeva tanto di politica, di queste cose. Si accorse che la divisa era di un altro colore, gli italiani erano grigio-verde mentre questi giallo avana. Questi poveracci la guardavano, di là c'era il bambino piccolo che dormiva, io stavo lì. Loro avevano più paura di noi, penso. Lei mi ha dato due uova e mi ordinò di portargliele, erano crude nemmeno cotte. Io ero una bambinetta, secca

secca, magra magra. Questi, ancora mi ricordo, hanno fatto un sospiro di sollievo, mi sorrisero e le presero. Poi mi hanno regalato della cioccolata, perché, come molti, avevano preso della roba giù al campo, come delle coperte per la notte. Mi regalarono anche un pacchetto di thè e noi non sapevamo che cosa fosse, pur avendolo sentito nominare più volte. Siamo ritornate a casa, poi mia mamma era anche uscita di nuovo: tutto silenzio, tutto fermo, non si vedeva più nessuno. Si chiese: "Ma questi da dove sono scappati, da dove sono venuti?" Arrivò mio padre che le spiegò tutto, mentre i prigionieri si nascosero per la campagna, allontanandosi più che potevano dalla strada e dalla ferrovia.

Tu mi raccontavi una cosa curiosa, ovvero che fecero di tutto per cambiare le loro divise.

Si questo poi me lo riferirono le persone dalla campagna, noi stavamo sempre a contatto con i contadini. Loro prendevano tutti i panni stracciati che potevano per levarsi le divise, cercavano di fare di tutto per potersi vestire da civili. Poi nessuno ha mai saputo queste divise che fine abbiano fatto. Solo dopo, mi ricordo, finita la guerra, finito tutto, tutti i contadini indossavano le divise come i soldati. Quelli erano vestiti buoni, vestiti nuovi. Era una cosa che poi ci rifletti, ci ripensi, non l'hanno buttate via, chissà dove l'avevano nascoste. Ecco come è stata la vita.

I contadini aiutarono i prigionieri?

Certo, soprattutto quelli con le case più nascoste. Io avevo dei parenti che stavano proprio lì sotto Santa Vittoria, ne tenevano quattro, neanche uno, quattro. C'era chi aiutava questi fuggiaschi, casomai anche qualcuno di altolocato. Questi prigionieri, mi ricordo, raccoglievano le ghiande per i maiali, aiutavano in quel che potevano. Mangiavano quello che c'era ma di fame non morivano. I contadini prima non avevano molte cose (mobili, ecc..) però avevano i polli o altro. Si mangiava quello che c'era: il formaggio, i polli, il pane fatto da loro, che era molto buono. Quello che non si trovava era l'olio, ce n'era poco. Qualcuno ne aveva ma non c'erano molte piante, sennò c'era molta uva per il vino. Prima era buona la roba di campagna, la frutta, le mele, non so come mai adesso non sono più buone.

Tu mi hai parlato di un giovanotto molto bello, fascista, che purtroppo fece una brutta fine, te la senti di raccontare qualcosa?

Allora quella notte c'era il silo della stazione di Monte San Martino pieno di grano, perché i contadini dovevano consegnarlo. Non mi ricordo il mese e l'anno. Penso sarà stato verso settembre, dopo aver raccolto e portato tutto il grano dentro, non l'avevano ancora portato via. Però se c'erano già i prigionieri non lo so, le date non me le ricordo. Mio padre lavorava sempre la notte, venne la padrona di casa esclamando: «Hanno aperto il silos». Sai lì la stazione di Monte San Martino, il caseggiato vecchio, che sta là sopra, quello era pieno di grano, era enorme. Con una notte l'hanno portato via tutto, le persone con i carri, i carretti, i sacchi, andavano là e prendevano. Questi qua, dicono, io non ne sono sicura, fecero la spia, era una famiglia, il padre e il figlio. Se arrivavano i tedeschi era una carneficina, perché era pieno di persone. Con una notte, hanno saputo e hanno portato via tutto, per terra ce n'era non sai quanto, sprecato pure. Poi si dice quello è stato ammazzato, non si sa dove, non si sa niente, ma lui non c'è più. Era un bel ragazzo. Poi anche il padre.

Dei fatti di Monte San Martino ti senti di dire qualcosa, dell'omicidio di Funari e della ritorsione?

No, perché io quassù non c'ero, queste erano cose di cui non si poteva parlare con le persone. Io ero anche bambina, stavo lì, però questo l'ho saputo solo dopo.

Il rientro dei soldati dalla guerra.

Allora era appena finita la guerra, qualche soldato è tornato anche più tardi. Erano anni che di alcuni non si avevano più notizie. Allora mio padre lavorava ancora alla ferrovia e veniva a sapere di tutti quelli che tornavano. Quando arrivavano a Porto san Giorgio, telefonava e avvertiva che oggi sarebbe tornato il tale da sotto le armi. Magari era da tempo che non ne avevamo più notizie. Avvisava tutti anche i vicinati, prima ci volevamo tutti bene, eravamo tutti una famiglia. Allora quando chiamava io ero sempre la porta ordini. Tanti erano parenti, ma anche amici e gli comunicavo che a tale ora e con tale treno sarebbe arrivato... Allora io partivo di corsa, da bambini si andava da soli, correndo, non c'erano le macchine, che ne so. C'erano anche dei miei cugini, dalla parte di mamma, quattro fratelli tutti sotto le armi. Allora arrivavano in tanti e si facevano molte feste, a volte però erano delle feste anche malinconiche, perché qualcuno non tornava. Io mi dedicavo anche alla corrispondenza, scrivevo numerose lettere ai vicini e ai parenti. Tenevo i contatti. Poi leggevo molto, i giornali a casa di babbo non mancavano mai, c'era il Corriere e quando loro erano stanchi e andavano a dormire, io mi mettevo a leggere. Ho dormito sempre poco nella vita chissà perché.

Vorrei che tu mi raccontassi la vita semplice dei contadini; come si svolgevano le attività, il momento del bucato, facendo anche un confronto con la vita moderna, frenetica.
La vita in campagna era dura ma c'erano molte feste. Durante la guerra non era una gran cosa, ma una volta finita, quando per esempio c'era la mietitura e si metteva a piovere, tutti, donne e uomini, iniziavano a ballare. Si cercava qualcuno che suonasse l'organetto e ci si divertiva fino a notte. Era una festa anche per i bambini. Si lavorava ma ci si svagava anche, c'erano i giochi all'aperto, che bellezza... adesso i bambini... è tutta un'altra cosa. Noi eravamo tanto felici, anche il lavoro lo facevamo con gioia. Si giocava molto, poi ne eravamo tanti, c'erano famiglie con molti figli.

Vorrei sapere anche come hai conosciuto Ageo, tuo marito, come vi siete fidanzati.

Quando si raccoglieva il granturco, prima c'erano delle aie grandi, tutti i contadini facevano un cerchio grande grande e si levavano le foglie. In mezzo si mettevano le pannocchie pulite, e la sera si festeggiava. Le donne poi facevano la polenta, verso mezzanotte e si mettevano a ballare in allegria. Queste erano occasioni speciali, io stavo di là dal fiume che era asciutto perché l'acqua era deviata verso un canale che portava alla centrale elettrica. Dalla parte di qua, di Monte San Martino, mio padre e mia madre andavano sempre ad aiutare e io con loro, così lì ho conosciuto per la prima volta mio marito, io avevo 14 anni e lui 18, lui suonava l'organetto e io ballavo. Dopo due anni ci siamo fidanzati. Poi ho imparato a fare la sarta, lavoravo da sola. Avevo iniziato quando avevo dieci anni e a sedici ero diventata autonoma. Prima si andava per imparare il mestiere, mica ti pagavano. Poi ci siamo trasferiti a Servigliano, dove c'era il casello, così non pagavamo niente. Ci sono stata sei anni, non di più. Poi mi sono ritrasferita a Monte san Martino.

Qualcuno che stava nel campo come profugo, lo conoscevi? *

Sì, non mi ricordo bene le date. Però so che stavano nel campo come era prima, ovvero nelle baracche. Quando finì la guerra le baracche non furono sfasciate e poco dopo arrivarono i profughi, li misero comunque lì dentro. Ma erano delle famiglie, non prigionieri, allora dovevano fare spazio, preparare le lenzuola e il minimo per farli vivere. Gli

**Nel 1945 nell'ex Jugoslavia si svolsero le prime elezioni per un'assemblea federale e un consiglio delle nazionalità. Il Fronte popolare, guidato da Josip Broz, meglio conosciuto come Tito, vinse con circa il 90% dei voti. Tito fu il fondatore del Partito comunista jugoslavo nel 1920 e abolì la monarchia per instaurare la repubblica popolare federativa di Jugoslavia. Il Generale, titolo assunto difronte al suo paese, fondò uno stato-dittatura comunista che differiva in alcuni punti fondamentali da quello russo. Una delle problematiche più difficili che volle affrontare nell'immediato fu quella del confine orientale. Alla fine della Seconda Guerra Mondiale l'esercito di liberazione jugoslavo aveva occupato la penisola istriana e per questo rivendicava il possesso di Trieste. «Nella primavera-estate del 1945 migliaia di italiani, a Trieste, a Gorizia e in molti centri dell'Istria furono uccisi o deportati...»* (G. Sabatucci e V. Vidotto, op. cit., pag. 516) *I loro corpi furono ammassati nelle foibe, delle cavità naturali che si formano nella zona del carsico. Da questo momento ebbe inizio l'esodo di numerose famiglie italiane della Venezia-Giulia e Dalmazia, che cercarono rifugio in Italia. Lo stesso territorio della città di Trieste venne diviso, temporaneamente, in due.*

**Il campo di prigionia di Servigliano, sebbene chiuso in seguito alla fuga dei tedeschi nell'aprile del 1944, venne riattivato nel 1947 per accogliere i primi profughi provenienti dall'ex Jugoslavia. Questi erano prevalentemente sloveni, istriani, italiani della Venezia Giulia, del Quarnaro e della Dalmazia che fuggirono in seguito all'acuirsi della tensione fra l'Italia e la Jugoslavia del Maresciallo Tito. Si stima che tra il 1947 e il 1955 passarono per il campo di Servigliano circa 40.000 profughi. Alcuni poi emigrarono, per esempio in America, altri furono inseriti gradualmente in varie città italiane, come nella vicina Ascoli Piceno, Torino, Roma.*

davano anche un piccolo stipendio ma non come questi di adesso che hanno tutto. Loro erano diversi perché avevano lasciato tutto, le loro case, i loro beni. Poi cercavano di arrangiarsi, magari chi aveva una tovaglia ricamata cercava di venderla, si davano da fare, per esempio aiutando nei lavori in campagna, non davano fastidio. Tra l'altro però avevano il treno, i libri gratuiti. Ci sono stati alcuni che hanno studiato a Fermo. C'erano due vecchietti che mi volevano bene, io gli facevo dei piccoli lavori. Io non volevo soldi, allora magari un giorno mi regalavano dei frutti, che se lo levavano dal loro. Io lo dovevo accettare per forza. Dopo piano piano molti sono andati ad Ascoli Piceno, dove hanno avuto una casa e sono andata a trovarli anche lì, questi signori. Con alcuni ci ho fatto amicizia, con altri no, quanti ce ne sono stati non lo so. Però non facevano i signori come questi di adesso, loro erano umili, non pretendevano, non hanno fatto del male. Era tutta un'altra cosa.

Da bambina sei andata giù a Servigliano, con tuo padre e hai visto il campo. Ti ricordi com'era?

Si eravamo nella cabina dove lui lavorava, era a due piani, attaccata alla stazione. Andavamo su e vedevamo quello che facevano: i prigionieri camminavano, lavoravano, non so di preciso. Era così, come vedessi un pollaio, ne erano tanti. Babbo diceva sempre che ne erano tremila, adesso dicono duemila. Io non li ho mai contati. Le sentinelle stavano in piedi, sopra le torrette. Poi c'erano i pezzi di vetro (sopra al muro di cinta), non si poteva scappare. * Una sentinella ci ha preso anche moglie a Servigliano, Perretta che aveva un negozio. Era un ragazzo di Napoli. Forse l'unico che è rimasto qui.

**Il campo di prigionia di Servigliano venne costruito tra il 1915 e il 1916. Inizialmente furono realizzate 32 baracche in legno di circa 300 mq ciascuna, divise in due settori. Ogni baracca poteva contenere all'incirca 125 prigionieri. Sia internamente che esternamente furono realizzate altre costruzioni, prevalentemente in muratura per "cucine, vivandiere, infermerie, uffici reparti, bagni etc…" e per i servizi "il Comando, gli uffici, gli alloggi degli ufficiali…"* (Filippo Ieranò, È noto che… il campo di prigionia di Servigliano, quaderni della memoria, Servigliano, 2013, pag.39) *Durante la seconda guerra mondiale fu impiegato solo un settore del campo con 16 baracche ed una capienza di circa 2000 unità. Il controllo dei prigionieri era affidato a delle guardie tramite l'utilizzo di garitte poste all'esterno del muro perimetrale. Questo era quello originario della prima guerra mondiale, "alto circa tre metri, sopra il quale era stato posto del filo spinato."* (Filippo Ieranò e Giuseppe Millozzi, Il campo di Servigliano 1915-1955, Quaderni della Memoria, Servigliano, 2016, pag. 15) *Per scoraggiare ed evitare fughe di prigionieri nel secondo conflitto mondiale furono aggiunti anche dei pezzi di vetro.*

Concludiamo con una piccola panoramica del tuo ultimo periodo a Monte san Martino, come è stato?

Difficile, numerosi lutti, malattie. Ma ad oggi non andrei mai via da Monte san Martino, mi piace, ci sto bene. Mi ci sono trovata bene.

Che messaggio vogliamo dare ai giovani di oggi.

I giovani devono lasciare perdere tutte queste cose con il telefonino, si deve stare all'aria aperta, a contatto con la natura, a guardare il cielo, le rondini. Mi piace guardare, quando vado in giro mi arrivano sempre tanti torcicolli perché sto sempre ad osservare fuori dal finestrino. Se io passo su una strada anche dopo vent'anni me la ricordo. Ho anche preso la patente ad una certa età, ma non mi è mai piaciuto guidare la macchina.

Fine.

MARIA MICHELI
Monte San Martino
Classe 1933

Maria Micheli nata nel 1933 è cresciuta in una famiglia proprietaria del proprio fondo rustico, rimase vedova da giovane con i suoi due figli.

Maria, buonasera, è un piacere per me intervistarti anche perché sei stata la mia baby-sitter. Raccontaci qualcosa della tua famiglia di origine.

Avevamo la casa giù a Santa Maria Maddalena (Monte san Martino). Sono nata il 9 giugno del 1933. Della mia infanzia c'è poco da raccontare, si stava in campagna. Poco dopo scoppiò la guerra, mio zio, il cugino di papà, morì in Albania l'8 febbraio del 1941. Mio padre è stato prigioniero di guerra, nel 1944. L'infanzia, per noi che eravamo rimasti qua, era piena di lavoro. Mio padre ritornò dalla Sicilia a piedi. Partì in agosto, quando sbarcarono gli alleati, mentre il 9 settembre venne firmato l'armistizio. * Il suo rientro fu travagliato, di notte camminava e di giorno si riposava, nascondendosi tra le macchie. Dopo l'armistizio è rimasto a casa. Furono i suoi stessi capi a dirgli di andare e prendere la strada per tornare dalla sua famiglia. Gli spiegarono di muoversi di notte e di dormire di giorno.

**Gli eserciti Alleati decisero di far partire un'imponente offensiva dall'Italia Meridionale. Il 10 luglio del 1943 prese avvio l'operazione Husky. "Con una grande operazione anfibia, più di 2.500 imbarcazioni sbarcarono nella Sicilia controllata dalle forze dell'Asse, tra Licata e Siracusa…"* (R. Romanelli, op. cit., pag. 235) *Questa iniziativa da una parte segnò il fallimento della guerra condotta da Mussolini, dall'altra questi soldati furono accolti, in alcuni casi, come liberatori dalla popolazione del luogo. Nel giro di poco gli alleati riuscirono ad impadronirsi dell'intera isola, "mal difesa da truppe in larga parte convinte dell'inevitabilità della sconfitta".* (G. Sabbatucci e V. Vidotto, op. cit., pag. 440)

Di tua madre?

Mia mamma è nata a San Ruffino, faceva la casalinga, accudiva tutti i vecchi e i bambini. Di figli ne eravamo due, poi c'erano zio, nonna, zia che aveva un figlio morto in guerra, a Berat in Albania. Sapeva leggere e scrivere, aveva fatto la terza e ha avuto una buona memoria fino all'ultimo giorno della sua vita. Si è spenta a 97 anni.

Avete avuto un ruolo nell'ospitare i prigionieri evasi dal campo?

No, noi altri no. Mio padre e mia madre qualche volta li aiutavano portando del cibo nella macchia dove erano nascosti.

Sapevate dell'evasione, dei prigionieri in fuga?

Questo sì.

Durante la guerra andavi spesso a Servigliano?

No, durante la guerra si usciva poco.

Avevate contadini che lavoravano per voi?

Sì, come no. Al tempo di guerra ne avevamo tre, tre mezzadri.

Del fascismo che idea avevate?

Del fascismo niente, piccole cose, facevano le istruzioni quassù, i piccoli avanguardisti... quelle cose lì, ma non mi ci hanno mai mandato. Non eravamo politicamente coinvolti.

I partigiani come erano visti in famiglia?

Non troppo bene, perché di mezzo c'è stata anche una storia, non mi ricordo molto. C'erano dei partigiani, uno si chiamava Oscar, che era della Jugoslavia, e certi che erano di quassù sopra Sarnano, di Piobbico. Qualcuno gli aveva detto che trattavamo male i contadini, invece non era vero. Fortuna ci trovò mio nonno, che se ci avessero trovato a mio zio, chissà che succedeva.

Dopo lì venne il colono, venne a sapere che erano venuti, successe una baraonda, cominciarono a litigare, e infine li cacciò di casa. Ecco tutto. Poi questo slavo ci chiese scusa, disse che si erano ubriacati, il vino cotto in quel periodo non mancava e ci dette anche una sua fotografia. L'abbiamo nascosta perché se lo avessero scoperto i tedeschi non si sa quello che poteva succedere.

Se te la senti, non sei obbligata, raccontaci dei fatti tragici dell'eccidio di Monte san Martino. *

Io mi ricordo poco, ero bambina. Io so che c'era mio zio che stava con il farmacista Sor (appellativo riservato alle figure importanti, come medici, proprietari terrieri... è il diminutivo di signore) Marino Vitali. Quella sera eravamo a casa e si sentì sparare. Iniziammo a chiederci che stesse succedendo. Già avevano ammazzato Emma Mietti e Tullio, che non c'entravano proprio niente, poi il fratello di Dante, solo perché portava una camicia nera. Zio stava lì a casa del farmacista con la madre.

Quello era fascista e dovette "andare a coppi" (scappare sui tetti). Era mattina e l'hanno ucciso.

**Durante la guerra civile tra partigiani e fascisti ci furono numerosi scontri che si conclusero nel sangue. Infatti, in risposta alle azioni compiute da ambo le parti, potevano accadere episodi di vendetta o rappresaglia. Uno di questi episodi accadde anche a Monte san Martino in seguito all'uccisione del partigiano Funari. Questo fu ammazzato da un gruppo di nazi-fascisti il 30 aprile del 1944. Dopo esser entrati nella sua dimora in piena notte, in contrada San Venanzo, lo trucidarono davanti ai suoi genitori. I partigiani vollero vendicarsi ma non trovarono gli esecutori perché erano scappati. Allora, il 10 maggio del 1944, uccisero alcune persone a caso.*

La ragione per cui i partigiani vennero in paese ad uccidere?

Di certo non so nulla, di dicerie ce ne erano tante. Poi ero piccola. Questi fatti me li ha raccontati mio zio. Si diceva che fosse una vendetta, con uno di San Venanzo ecc... Si dice che Emma fu uccisa perché aveva detto delle parole che non doveva dire. Anche se, secondo me, non è una giustificazione per arrivare a tanto.

Perché uccisero la guardia?

Non lo so, si chiamava Nicola Abbati, fu il primo. Forse perché era un po' fascista, ma ti ripeto avevo nove anni. Tullio lo uccisero così, era un muratore ma non c'entrava niente.

Voi eravate una famiglia abbastanza agiata, di padroni che trattavano bene i propri contadini e avete avuto anche la fortuna di andare a scuola.

Io ho fatto la quarta e la quinta qui in paese.

In generale degli altri bambini, chi poteva studiare? Ad esempio i figli dei contadini, che cosa facevano?

Di persone che studiavano qui non ce n'erano molte. Non mi ricordo qualcuno che si è diplomato o laureato. L'unica è la figlia della maestra Pia, era una mia compagna di scuola, però non è che la conoscessi bene.

Quelli che arrivavano fino alla terza, quarta elementare erano figli di chi?

Di contadini e qualche proprietario, qui non c'era altro.

In generale, tra le persone che conoscevi, fino ai vent'anni, c'era parecchio analfabetismo o c'era gente, invece, che sapeva leggere e scrivere?

Mio padre aveva fatto la prima o la seconda, era nato nel 1908. Mentre mio zio aveva fatto la quinta, quello morto in Albania. Proprio analfabeti nelle zone nostre no, forse solo i più vecchi.

Te lo chiedo perché raramente ho trovato racconti o diari di quell'epoca, nessuno in quel periodo ha pensato di scrivere le proprie esperienze. Perché non è stato scritto nulla, nessuna memoria?

Forse non c'era nemmeno nella scuola qualcosa che ti spingesse a fare queste cose. Si faceva l'essenziale, far di conto, leggere, scrivere. Poi era lontana, ogni mattina facevamo un'ora di strada camminando. Le maestre che c'erano qui erano la Fineschi e la signora Olga. Lei era severa però io non ho mai avuto niente da lamentarmi.

Secondo te, ti sei mai chiesta come mai tante famiglie contadine hanno aiutato molti sbandati, fuggiaschi, ex prigionieri?

Si c'erano soprattutto inglesi e americani. Perché l'hanno aiutati non lo so, a qualcuno, forse, che aveva i figli sotto le armi, potevano tornagli utili. Qui di prigionieri ce n'erano parecchi. Quattro o cinque stavano in paese, tant'è vero che il padre di Pina era un cipriota evaso dal campo.

Hai mai visti questi prigionieri?

Una volta stavano nascosti lì la macchietta nostra e sono fuggita via. Non è che non li avrei aiutati, ma noi non potevamo perché eravamo rimasti tre vecchi e due frichi (bambini).

Giungevano notizie dal fronte, dalle città?

No, per esempio, per mio padre siamo stati non so quanti mesi senza notizie. Mio zio era morto nel 1941 e di babbo non sapevano nulla, nemmeno dove fosse. Alcune notizie più generali sì, c'era la radio, ma io non è che andavo a cercare queste cose. Poi non sempre ci facevano capire che stava succedendo.

Raccontaci adesso il dopo guerra, che cosa è successo tra il 1945 e il 1955? In questo periodo ti sei anche sposata...

Di quel periodo non ricordo molto. Ho conosciuto mio marito Giove, eravamo dello stesso paese, e ci siamo incontrati così, semplicemente. Dopo tre anni e mezzo di fidanzamento mi sono sposata. Avevo 22 anni.

Poi sono arrivati i figli, Alberto, Paolo, tu nel frangente stavi a casa o facevi qualche lavoro fuori?

No io stavo a casa, solo dopo ho preso il posto da bidella. Nel 1970 tenevo a te, poi lasciai perdere e presi il posto giù la scuola. Stavo qui in paese (a Monte San Martino), ci siamo trasferiti nel 1957.

Quale è stato il momento di passaggio dalla famiglia patriarcale alle famiglie, diciamo, moderne.

Sì, è stato quando ci siamo sposati.

Raccontaci un po' della malattia di Giove e di come è venuto a mancare.

La solita malattia del giorno. Si è operato nel 1958, è morto il 7 aprile del 1963. Sono rimasta vedova per trent'anni. Era un tumore all'intestino.

Hai dovuto portare avanti la famiglia da sola, con i due ragazzi.

Si chiaro. Poi ho iniziato a lavorare, nel '70 sono diventata bidella per venticinque anni.

Che ricordi hai di quel periodo?

Della scuola ho buoni ricordi, mi piaceva.

Sei in pensione da quando?

Vent'anni, 1997, sono andata in pensione a 63 anni con la legge Amato.

Tu pensi che in quest'arco della tua vita, le generazioni sono cambiate...

Mi sembra che soprattutto i giovani siano cambiati, ma anche i genitori, credo, sentendo come vanno adesso le cose, ad esempio in televisione. Mi sa che adesso i genitori ai figli non li guardano proprio. Come quei ragazzini tra i tredici e i quattordici anni che hanno dato fuoco al barbone che stava dormendo sotto la macchina. Dicono che l'hanno fatto per gioco, io adesso prenderei i genitori e li metterei dentro insieme a loro. A Napoli per esempio, anche ieri, un altro gruppo di ragazzini ha accoltellato un ragazzo e gli altri gli hanno rubato il telefonino e poi lo hanno riempito di botte. Lì dove sono i genitori? Questo mi domando. Metterei dentro loro e getterei la chiave, se fosse per me.

In questi anni che sei in pensione, che cosa hai fatto?

Ho avuto da accudire mio padre e mia madre. Guardo sempre la televisione.

Nell'arco di tempo della tua vita, secondo te, il ruolo della donna come è cambiato dagli anni trenta in poi?

Il ruolo è cambiato, adesso è diverso, è la donna che è cambiata ma anche l'uomo. Ad esempio tutti questi assassini prima non c'erano. Ogni giorno qualcuno ne ammazza una, per me, forse, prima le donne erano un po' più sacrificate, ma io i nostri sacrifici non è che li ho sofferti. Adesso è diverso.

Rispetto a tua mamma, come donna, cosa era diverso?

Io sono stata un po' più sfortunata, ma più libera. Mia madre ha avuto sempre da lavorare, io ho fatto molto per conto mio. Lei ha fatto molti sacrifici, lavorava anche la terra. Ma non si lamentava della sua vita, anche se prima era tutto monotono, non è che c'era diversità. Invece adesso ognuno fa' come gli pare.

Quale messaggio lasceresti ai giovani, pensa ai tuoi due nipoti. ma anche ai più giovani nati nel nuovo millennio

Gli direi di ascoltare un po' di più i genitori, e vorrei che i genitori seguissero più i figli. Tutto qua, perché da quello che si sente in televisione, penso che i genitori non ci sono e i figli non li ascoltano per niente.

Maria grazie mille.

Fine

PIA TUZI

Monte San Martino

Classe 1935

Pia Tuzi nata nel 1935 a Santa Vittoria e sorella di Elvira Tuzi (vedi intervista 7), da sposata si trasferì a Monte San Martino.

Buongiorno Pia, presentati.

Io sono nata a Santa Vittoria in Matenano, in contrada San Salvatore, giù la stazione, l'8 febbraio del 1935. In famiglia eravamo mamma, papà e sei figlie, tutte femmine. Fino a cinque, sei anni stavamo insieme anche con i parenti. Eravamo proprietari del terreno e avevamo dei mezzadri. Mia mamma e papà lavoravano la terra, non avevano frequentato la scuola. Mio padre sapeva fare solo la sua firma. All'epoca le scuole in campagna non c'erano e per arrivare a Santa Vittoria ci voleva più di un'ora di cammino. Solo dopo hanno fatto una scuola a Villa Molino (c.da di Santa Vittoria) ma noi eravamo già grandi.

Per la scuola, come facevate?

Per la scuola ci arrangiavamo da noi, non come adesso, prepari lo zaino, ti risento, ti guardo... Facevamo tutto da noi, in autonomia, e ci piaceva andare a scuola perché era l'unico modo per uscire un po' di casa. Altrimenti mi mandavano a pascolare le pecore, quello lo odiavo, come zappare la terra.

Tra le sorelle chi ha avuto la possibilità di studiare?

Alcune sì, altre no. Alcune hanno imparato un mestiere e, a me, mi hanno obbligato a lavorare la terra. L'ho vissuta molto male. Sì, perché a dieci anni allora si ragionava molto più di adesso. Io piangevo perché volevo andare a scuola, non mi volevano far fare la quinta.

Hai avuto la possibilità di studiare da grande?

Fino alla quinta elementare ci sono riuscita, perché ci andava mio cugino Gaetano e allora la maestra gli chiese: "Ma Pia non viene?”. "Eh non ce la mandano" rispondeva lui. E lei replicava: "Ma non è possibile". Allora la maestra Papiri Carla, che adesso è morta, ha fatto una lettera a mio padre per chiedergli come mai non mi mandasse a scuola. Allora con la quinta ci si facevano tante cose. Allora la maestra gli spiegava che non si sa mai un giorno cosa ti avrebbe potuto dare un pezzo di pane. Così alla fine si è convinto e ho fatto la quinta. Le medie, invece, le ho fatte ai corsi serali per adulti a Monte san Martino.

Ma eri già sposata?

Sì, avevo le figlie grandi, una andava a scuola a Santa Vittoria e l'altra a Fermo. Io andavo alle medie, con mio marito, alla sera. Mi piaceva. Il problema che da piccole eravamo tutte femmine e mio padre voleva qualcuno che lo aiutasse in campagna.

Invece con questi genitori analfabeti eravate voi bambine a leggere in casa?

Sì, quando pioveva, che non si poteva andare in campagna, mio padre mi chiamava e mi chiedeva di leggergli delle cose e anche di scrivere.

Quindi capivano che era importante. Per quanto riguarda il lavoro, tu sei stata casalinga, hai avuto due figlie, hai avuto anche qualche occupazione da sposata?

Ho accudito le due figlie, poi stando di casa in campagna, l'asilo non è come adesso che passa il pulmino e te le portano a scuola. L'asilo Marietta non l'ha fatto, Laura qualche volta, ma pochissimo. Se la mandavo con la corriera dopo chi è che la accompagnava fino alle suore?

Torniamo un momento indietro, parlami del conflitto.

Mio padre ha fatto anche la prima guerra mondiale, però non mi ricordo molto. Parlava della trincea. *

**La prima guerra mondiale si caratterizzò, almeno all'inizio, per il largo impiego di truppe da terra. "Dal punto di vista tecnico, la vera protagonista della guerra fu la trincea"* (G. Sabbatucci e V. Vidotto, op. cit., pag. 259) *Questa era una fortificazione difensiva molto elementare formata da un reticolo di fossati che servivano a proteggere i soldati dal fuoco nemico. Con il tempo, e con le difficoltà a procedere ad attacchi risolutivi, le trincee divennero in quegli anni il terreno di scontro permanente facendo avanzare o arretrare il fronte di poche decine di metri alla volta. Particolarmente dura e difficile era la vita in quei luoghi: senza assistenza medica, con scarsi rifornimenti e in condizioni igieniche precarie.*

Quando sentiva questi giovani bestemmiare, dire parolacce, diceva: "Io li farei stare nelle trincee con i piedi a bagno e pregare la Madonna che la serata finisca per il meglio". Insomma si raccomandava al cielo. Raccontava sempre che era stato in Albania.** La seconda guerra non l'ha fatta perché non aveva un figlio maschio, o perché era passato di età, non lo so. Mio padre era del 1891, si è sposato anziano a causa della guerra, come molti altri uomini. Io ero la penultima di questi figli.

*** La campagna d'Albania è stata una delle operazioni militari italiane più importanti durante la Grande Guerra. L'impero Austro-Ungarico, dopo aver sconfitto l'esercito di Serbia, e appoggiato da alcuni gruppi armati del luogo, invase l'Albania da nord nel 1915. L'Italia partì con la controffensiva assicurandosi il controllo del sud, specie del porto strategico di Valona. Grazie anche alle truppe francesi impiegate sul fronte macedone, la nazione fu riconquistata nel 1918.*

È stato anche in Friuli o in Trentino o in Veneto a combattere?
Non mi ricordo, diceva che c'era la montagna, forse Monte Grappa. *

**In seguito alla disfatta di Caporetto, le linee difensive italiane dovettero arretrare dall'Isonzo al Piave. In questo frangente divenne importante anche il Monte Grappa, luogo dove numerosi soldati, italiani e alleati, combatterono valorosamente per impedire all'esercito austro-tedesco di penetrare ulteriormente nel territorio italiano e arrivare alla pianura Padana. La guerra diventa così difensiva e: "ciò contribuì a rendere più comprensibili gli scopi del conflitto e ad aumentare il senso di coesione patriottica"* (Ibi, pag. 267)

Quindi lui non raccontava molto a voi figlie della prima guerra mondiale?
Sì un po', qualche volta.

Arriviamo alla seconda guerra mondiale, lì a Santa Vittoria arrivavano notizie, si ascoltava qualcosa alla radio?

Alla stazione di Santa Vittoria c'era un Dopolavoro e alla sera si ascoltava la radio. Poi chi assisteva, informava gli altri.

Per quanto riguarda l'armistizio e la fuga dal campo dei prigionieri?

Sì, di prigionieri ce n'erano tanti, ogni famiglia ne teneva uno, due, chi poteva. Lì da noi c'erano due zii e questi prigionieri dormivano da uno un giorno e dall'altro il giorno dopo. Poi mamma li faceva venire la domenica e il sabato da noi. Quindi noi non li tenevamo a dormire ma li ospitavamo a mangiare. Era Gaetano che spesso li ospitava per la notte.

Tu li hai visti, hai avuto dei contatti diretti, ti sei mai imbattuta nei fuggiaschi?

Beh, noi con questi due che teneva mio zio, stavamo tutto il giorno insieme. Parlavano poco italiano, cercavamo più noi di imparare la loro lingua. Avevamo appreso a contare fino a dieci, le canzoncine...

Ritornarono mai dopo la guerra?

No niente, partiti. Hanno preso l'indirizzo ma non sono mai tornati, mai una cartolina, mai un saluto, niente. Non so perché, ce lo siamo sempre chiesto.

I tuoi zii, tuo papà, come erano venuti a contatto con i prigionieri?

(…) I primi giorni questi poveracci venivano di loro iniziativa, le prime sere ne venivano anche sette-otto; allora zia Giulia preparava cena a tutti quanti. Dopo non so dove dormivano. La sera, mi ricordo, si lavavano tutti, avevano le scatolette, tutte scritte in inglese. Zia Giulia per due o tre sere ha cucinato per una decina di loro. Poi si sono presi a carico questi due, i contadini intorno ne presero chi uno, chi due.

Secondo te gli adulti perché li hanno aiutati?

Questo non lo so, forse per compassione, per aiutarli. Zia Giulia era una donna di chiesa, tanto buona, e quando passavano questi, i fascisti, poiché si sentiva sparare su per le montagne, diceva sempre: "A chi sarà toccato stavolta, sono tutti figli di madre, anche i nemici".

Il dopo guerra; quando hai lasciato la casa paterna per sposarti e venire a vivere a Monte san Martino?

Nel dopo guerra si lavorava molto, si andava a piedi, non c'erano tante pretese. Il trenino ha finito di correre nel 1957-58, poi vennero le corriere. Io continuavo a lavorare con mamma e babbo, mia sorella insegnava, l'altra faceva le maglie, ecco qua.

Con Pietro, come vi siete conosciuti?

La lontananza era poca, abitavamo qui la casa cantoniera. A Carnevale si ballava e lui suonava la fisarmonica. Fin da piccola lo conoscevo. Poi avevo i cugini che abitavano lì vicino, uscivamo insieme. Ecco qua.

Poi vi siete sposati e vi siete trasferiti qui?

No, il terremoto ci ha costretto a trasferirci. Sono stata per vent'anni laggiù, alla casa cantoniera, poi questa è rimasta terremotata, nel 1972. Per quattordici anni siamo stati insieme, cresciuto i figli, chi si è diplomato, chi laureato, ecco qua.

Rispetto alla vita di tua mamma, nella tua, cosa è stato diverso? Anche dal punto di vista delle libertà, per esempio nella scelta del lavoro?

Mia madre aveva tutte queste figlie, c'era da fare il corredo, aveva la campagna. Lei dopo è andata a Servigliano, faceva una vita più serena, coltivava l'orticello, aveva le bestiolette (gli animali). Io invece ho avuto molto da fare.

Tornando al discorso dei prigionieri, che cosa si diceva su questo fatto, il pericolo che poi alcuni correvano?

Quando arrivò il pericolo (i nazifascisti), i prigionieri si nascosero giù al fosso e gli portavamo da mangiare. Poi la sera tornavano su a dormire. C'era uno, Zeppilli, che ospitava un fuggiasco. Se qualcuno bussava lo nascondeva nella stalla. Prima c'erano delle botole che dal piano abitativo portavano al piano terra, servivano per controllare le bestie. Così li tenevamo nascosti, oppure vestiti con panni dei famigliari, li mandavano a lavorare nei campi insieme a loro.

Sapevate del pericolo che correvate?

Sì, sì, quando passavano i tedeschi... era pericoloso.

Dopo l'armistizio, dei civili iniziarono ad entrare nel campo, dove non c'era più nessuno. Hai mai sentito la storia dell'esecuzione della coppia di coniugi di Servigliano?

Sì, lo so perché avevo la sorella vicino casa nostra. Marina è stata ammazzata insieme al marito perché era andata a prendere delle coperte di questi prigionieri. Sì, l'ho saputo, me lo ricordo. Poi da piccoli, quando ascoltavi queste cose... insomma ti rimaneva impresso.

Il periodo in cui c'erano i profughi, dal 1945 al 1955, frequentavate il campo?

Se si andava a Servigliano sì, addirittura un mio parente si sposò con una profuga. Poi mia sorella Elvira ci ha insegnato un anno, perché avevano fatto una scuola per loro. Partiva con il treno dalla stazione e andava ad insegnare.

A proposito delle donne, cosa si diceva di quelle che stavano nel campo di Servigliano?

Si diceva che erano donne più evolute delle nostre, io ero ragazzetta, noi avevamo più restrizioni, queste avevano una vita più aperta, parlavano con più facilità con i ragazzi.

Nell'arco della tua vita, secondo te, come si è emancipata la figura della donna?

Che devo dire, lo sappiamo tutti. C'è stata più libertà, più studio, una vita migliore. Per esempio adesso le donne guidano, prima no. Già se andavano in bicicletta erano criticate. Anche avere un lavoro, essere autonome economicamente, farsi la sua macchina. Prima i soldi li aveva il capofamiglia, si chiedeva a lui qualche soldino ma con una certa ristrettezza. Tu come ti emancipavi? Non è che abbiamo sofferto la fame, ce la passavamo abbastanza bene, però le ristrettezze erano tante.

Vorrei tornare un secondo al discorso dei prigionieri, perché dicevi che era pericoloso per i tedeschi, il pericolo era rappresentato solo dai tedeschi? Cioè le persone del paese, che pur non avevano prigionieri in casa, erano ugualmente pericolose? Oppure non dicevano niente?

Quelli che non li tenevano dicevano: "Non me la sento, è un pericolo". Ma non denunciavano, gli volevano bene. Erano d'aiuto per la campagna, per la trebbiatura, prima per questi lavori c'era bisogno di tante persone. Non facevano la spia.

Tu sei bisnonna, congratulazioni. A questi tuoi nipotini che messaggio vuoi lasciare.

Io lo vorrei lasciare ma non ho le parole giuste, magari. Gli vorrei dire tante cose.

Una frase che loro possono portare quando cresceranno.

Qualche volta, a mio nipote, se lo prendi con i giusti modi, quando stiamo soli, gli chiedo:" Quando nonna non ci sarà più, quando sarai grande, ti ricorderai di lei?". Dice di sì. Io gli faccio "Ma non ti dispiace se uno muore?" Mi risponde: “Ma no".

Un messaggio utile per la sua vita.

Di essere bravo, buono, tutte queste raccomandazioni solite che si fanno, di essere educato. Che andassero a scuola con la testa, non che stanno lì a pensare ad altro, o con il cellulare. Oggi è una tragedia per fare i compiti, ogni giorno, è tutta una lite. Ha fretta perché c'è la televisione, il cellulare, gli amici. Insomma uno gli raccomanda di studiare, di farsi una vita ma mi risponde: "È tutto stupido, non serve, non serve".

Grazie mille Pia.

Fine

ELVIRA TUZI
Montefortino
Classe 1933

Elvira Tuzi nata nel 1933 a Santa Vittoria e sorella di Pia Tuzi *(vedi intervista 6)*, diventò maestra elementare e insegnò per un anno nel campo profughi di Servigliano.

Presentati.

Io mi chiamo Tuzi Elvira, sono nata a Santa Vittoria in Matenano, il 16 agosto del 1933 da Tuzi Giovanni e Mancini Rosa. Da piccola stavamo tutti insieme perché dalla parte di mio padre erano quattro fratelli, avevano una casa molto grande. Erano rimasti tutti lì, avevano dei terreni, stavamo discretamente. Nonno aveva tre-quattro terreni, uno lo diede a Domenico, mio zio, che stava a Casciano (frazione di Sarnano, Macerata), babbo lo prese alle Cese di Montefalcone (frazione di Montefalcone Appennino). Quando eravamo piccoli ci bastonavano se facevamo qualcosa che non andava. Mi ricordo una volta mio cugino, quello grande, non so che avevo fatto, ma iniziò a rincorrermi e alla fine cascai, ancora porto la cicatrice sulla testa. Così stavamo bene. Poi babbo si stufò di stare insieme agli altri e si comprò un pezzo di terra lì vicino e si costruì la casa. Noi nel 1942 ci siamo trasferiti nell'abitazione che esiste ancora, e che poi se l'è presa Gaetano, un mio cugino.

Avevi nove anni, eravamo in piena guerra mondiale.

Sì, tanto che mi ricordo bene, dopo l'armistizio, quando fu aperto il campo di concentramento di Servigliano e fuggirono i prigionieri inglesi, americani. Mi ricordo, io abitavo ancora nella casa vecchia e vennero tutti questi prigionieri, ci chiesero dell'acqua e si lavarono. A noi bambini regalarono cioccolato e altre cose, eravamo contenti. Dopo questi prigionieri partirono però due americani restarono nella zona. Dove dormivano di preciso non lo so, un periodo forse sono stati anche a casa nostra, nella parte vecchia dove non c'era più nessuno. Mangiavano una volta da mamma, una volta da zia, un'altra volta da quell'altra zia... insomma li abbiamo aiutati.

All'indomani dell'armistizio, che è stato l'8 settembre del 1943, questi scapparono il 14 settembre. Quanti ne erano e di che nazionalità? Il primo incontro come è stato?

Adesso tutti i particolari non li ricordo ma eravamo tutti d'accordo nell'aiutarli.

Conoscevi anche Assunta Viozzi?

Sì, ha la mia età. Abitava vicino la stazione, Assuntina. Il papà aveva lavorato per le ferrovie, in Abruzzo e poi era rimasto a lavorare in quelle a scartamento ridotto. Giocavamo insieme. Io feci la prima, seconda, e terza elementare vicino alla stazione, per la quarta e la quinta dovetti andare alle Cese di Montefalcone. Dovevamo fare parecchia strada a piedi. Era il periodo in cui i tedeschi rastrellavano la zona, * noi bambini ne eravamo terrorizzati perché avevano ammazzato tante persone. Mi ricordo che, mentre tornavo a casa, si accostarono con la camionetta scoperta, una jeep, erano due/tre e vennero vicino a me. Avevo il cuore a mille, perché la paura fu tanta. Quelli ridevano e parlavano tra di loro, ripartirono e finì tutto lì. Mi ricordo di quando i tedeschi mitragliavano giù alla stazione, con i vagoni fermi. Sempre dopo l'armistizio.

**Con lo sbarco degli alleati in Sicilia, la caduta del fascismo e l'armistizio del settembre 1943 i tedeschi decisero di occupare militarmente l'Italia. Questo evento da una parte costrinse gli alleati ad una lenta e sanguinosa risalita e dall'altra permise la liberazione di Mussolini e il ritorno del fascismo. Tuttavia i nazisti si comportarono come una vera forza militare d'occupazione «praticando un intenso sfruttamento delle risorse economiche e umane dei territori controllati... e applicandovi le politiche razziali già sperimentate negli altri paesi occupati»* (G. Sabbatucci e V. Vidotto, op. cit., pag. 442)
I rastrellamenti erano numerosi e frequenti e servivano soprattutto per catturare gli ebrei nascosti e deportarli nei campi di concentramento in Germania.

Comunque era pericoloso viaggiare di giorno e di notte.

Babbo mi raccontò che una volta, mentre tornava da Amandola, il suo treno fu mitragliato, penso dai tedeschi. Si salvò per miracolo, stava lì dentro il treno.

Hai ricordi della liberazione del 1944?

Facevo la prima media a Santa Vittoria, le avevano aperte proprio in quell'anno. Fu la maestra a chiedere a mio padre di mandarmici, visto che ero tanto brava. Alla fine si convinse e mi iscrisse. Sono l'unica delle sorelle che ha studiato, perché la scuola era anche dispendiosa e mio padre aveva paura di fare debiti. Non aveva molti soldi da parte. Mi ricordo che Pia ha pianto molto per questo. Mio padre aveva fatto la prima guerra mondiale, era tornato dalla guerra un po' malato: bronchite, asma, cuore. Pensava che era a causa delle trincee. Le prime due figlie si sposarono durante la guerra, Dina, la volle far studiare, perché sembrava un po' più «delicatuccia». La mandò a Servigliano a fare la quarta e la quinta. Invece, poi, imparò a fare la sarta. Io ho studiato, invece Pia, quella che sta a Monte San Martino, lei voleva, ma mio padre disse di no. In quel periodo aveva comprato una terra e siccome lui non stava molto bene, aveva bisogno di qualcuno che lo aiutasse, avrebbe preferito un uomo ma non è mai nato. Quindi toccò a Pia anche se a lei non piaceva lavorare la campagna, Marina non ci provò nemmeno a chiedergli di farla studiare, visto che a Pia non l'aveva mandata.

Andiamo avanti, chi sapeva leggere e scrivere in famiglia?

Babbo un po' si, era andato in una scuola serale, mamma non aveva studiato.

Ci pensavi tu in famiglia a leggere e a scrivere, durante quegli anni?

Babbo più che altro doveva fare i conti con il contadino quando a fine mese portava tutta la lista delle spese, era il mezzadro, noi eravamo i padroni. Mi ricordo che babbo alzava la voce, lui alzava la voce, io scappavo via per non sentire.

Il papà, l'esperienza della prima guerra mondiale la raccontava mai alle figlie?

No, forse eravamo piccole.

Ti ricordi su quale fronte ha combattuto?

Io ero convinta che avesse fatto la guerra su in Friuli, invece Marina si ricorda che è stato in Albania, non so dirti con precisione. *

**La prima offensiva italiana, dopo la dichiarazione di guerra del 23 maggio 1915, avvenne lungo il confine orientale del Friuli Venezia-Giulia. La linea difensiva austriaca si assestò lungo il fiume Isonzo e nelle zone del Carso. Romanelli, in Lezioni di storia contemporanea, riassume così le prime mosse dell'Italia in guerra: "Gli italiani sferrarono quattro sanguinose offensive senza alcun risultato e anche lì cominciò la logorante guerra di trincea."*

(R. Romanelli, op. cit., pag. 15)

Hai finito la terza la media, sempre in paese.

Sì, sono stata sempre promossa, e mio padre mi disse: "Più delle magistrale non ti posso far fare". La magistrale all'epoca durava quattro anni, mi mise nel collegio di Ascoli. Io lì stavo bene, non mi lamentavo anche se provenivo da un ambiente contadino. A casa non stavamo male, avevamo delle galline, delle pecore, si faceva il formaggio. In Ascoli sono stata dal 1948 al 1951. La città non l'ho vissuta molto, qualche volta uscivamo, anche al cinema se c'era un film. Tanti si lamentavano, io invece mi sono trovata bene. Di notte, al posto del riscaldamento, c'era la borsa dell'acqua calda e di giorno c'erano le stufe, quelle di terracotta, lungo il corridoio tra i dormitori e le aule per lo studio. Eravamo tutte ragazze.

Esiste ancora questa scuola ad Ascoli?

Io volevo tornare, dicono che dove c'era il collegio adesso c'è la scuola media, forse l'istituto magistrale è rimasto, non so se c'è ancora.

Poi una volta diplomata?

Una volta diplomata sono tornata, era il 1951, e cercai per insegnare. Il primo anno sono andata in contrada Tasciano, una scuola sussidiata, aperta dal comune di Santa Vittoria, affinché i bambini di quelle zone potessero andare a scuola. Io avevo la prima, la seconda e la terza. La mattina avevo la seconda e la terza, il pomeriggio quelli di prima, erano quattro. Ho ancora le fotografie. L'anno dopo fu aperta la scuola vicino alla stazione di Santa Vittoria, un corso serale per adulti.

Come ti trovavi, tu eri giovane?

Ce n'erano di diversa età e con la scuola ottenevano il diploma di quinta. Poi sono andata al centro raccolta profughi. Partivo dalla stazione di Santa Vittoria con il trenino e scendevo a quella di Servigliano. Mi ricordo il cancello, perché prima c'erano i prigionieri di guerra, gli alleati, poi sono venuti questi profughi dall'Istria, Fiume, Pola, Zara.

Hai un ricordo chiaro di cosa c'era scritto sopra il cancello?

Non mi ricordo, non era tanto alto, c'era una guardia all'ingresso, penso che anche lui, però, fosse un profugo.

Questi profughi potevano entrare e uscire liberamente?

Non so, però questa guardia controllava chi entrava e chi usciva.

Dove era collocata la baracca della scuola all'interno del campo?

Entrando si andava dritto e rimaneva sulla destra. Non era molto lontana dal cancello, mi ricordo che c'erano delle scalette per accedervi, una ringhiera, un loggiato, due aule, perché eravamo due maestre sole, non so se c'era anche un bagnetto.

Gli alunni?

Parlavano tutti la lingua italiana, ce n'era solo uno che non parlava la lingua, era di Zagabria, uno slavo. Allora era Jugoslavia, adesso penso sia Croazia, se non mi sbaglio. Erano dei bambini che le maestre avevano mandato via dalla scuola di Servigliano, forse perché c'erano classi troppo numerose. Per questo, credo, che il comune istituì quella scuola sussidiata, e vi mandò tutto lo scarto... insomma i bambini più somari. In un primo momento i profughi andavano a scuola insieme agli altri bambini di Servigliano, dopo, in un secondo tempo, hanno aperto la scuola dentro il campo. Però noi lamentavamo il fatto che ci mandarono proprio lo scarto, quelli che erano i più fastidiosi, i più testoni. In quel tempo si prendeva qualcosa, come maestra di scuola sussidiata, solo se il bambino veniva promosso. C'era un sussidio, un premio, di mille e cinquecento lire, per tutto l'anno. Io alla fine ho ottenuto questo compenso, ma era una somma irrisoria, ti ci potevi comprare al massimo un paio di scarpe. A me interessava fare scuola per avere il punteggio che ci veniva assegnato a seconda del giudizio della direttrice che poteva essere buono, sufficiente, distinto, ottimo. Mi ricordo che lei venne a fare l'ispezione e mi dette la qualifica e quando ci fu il concorso questi punti mi servirono per salire in graduatoria.

Quanti anni avevi?

Nel campo profughi avevo circa vent'anni, arrivai poco dopo la sua apertura. Io avevo iniziato a diciotto anni, lì a Tasciano. Nel campo poi sono rimasta un anno solo.

Questi giovani profughi furono mandati inizialmente alla scuola di Servigliano, poi alcuni furono rimandati nel campo, nella scuola sussidiata, quelli che oggi chiameremmo i caratteriali, erano tutti profughi?

Nella scuola di Servigliano rimasero dei profughi, i più bravi, e hanno fatto una scuola per i profughi più difficili. Mi ricordo che furono tutti promossi e la direttrice, Vienna Leombroni, mi dette un buon giudizio e si meravigliò perché ero riuscita ad insegnare a tutti a leggere e a scrivere. Erano tutti bambini della prima e seconda elementare.

All'interno della baracca come ti sembrava la situazione? Era povera, oppure avevate tutto ciò che occorre per insegnare?

Gran cose non c'erano, ma adesso nel particolare non ricordo.

Tu avevi modo di parlare con i genitori dei bambini?

Una volta avevo rimproverato un bambino ribelle, non mi dava mai retta, e allora gli dissi: "Adesso voglio parlare con tuo padre, mi accompagni lì la baracca". Questo però non mi ci voleva portare, non mi voleva insegnare la casa. Io lo tenevo per mano, lo tenevo forte sennò mi scappava e mi ricordo che con le unghie mi graffiava, tu pensa. Poi mi portò dal padre e questo non mi dette ragione. Io ci rimasi tanto male, piuttosto dava retta al figlio. Diceva che ero incapace io, non lo so, può anche darsi.

Forse perché ti vedeva giovane. Come era il campo, che ricordi hai? *

**La vita nel campo profughi non fu particolarmente semplice, soprattutto all'inizio. Queste persone, che avevano abbandonato le proprie abitazioni e ogni loro bene, dovettero sistemarsi in baracche costruite per la detenzione di prigionieri. Non c'erano pareti divisorie ed era impossibile creare un ambiente riservato per le famiglie. Per avere un'idea del numero di persone e delle diverse origini dei profughi possiamo basarci su un documento del cappellano del campo, don Vincenzo Niccolai, del 18 dicembre 1947, redatto quindi poco dopo la sua apertura. La composizione era la seguente "Fiume (181), Gorizia (181), Pola (110), Trieste (15), Zara e Dalmazia (36), Libia (69), Tunisia (13), Francia (16), Egitto (4), Algeria (1), Grecia (54), Egeo (9), Albania (4), Etiopia (6), Eritrea (4).* (F. Ieranò e G. Millozzi, Il campo di Servigliano, op. cit., pag. 31 contenente citazione della Lettera di don Vincenzo Niccolai del 18 dicembre 1947, Archivio Diocesano Fermo, Miscellanea)

Non ho mai girato nel campo perché arrivavo alle otto precise poi ripartivo subito, solo quella volta che ho accompagnato il bambino dal padre.

Nell'abitazione ci sei entrata?

No, erano baracche, alcune di legno, altre in muratura, ma dentro non ci sono stata, parlammo lì davanti.

Avevi modo di parlare anche con altri adulti? I bambini ti raccontavano qualcosa della loro esperienza all'interno del campo?

No. Lì si faceva solo scuola, non c'era tempo per parlare di altro.

Tu non eri curiosa di sapere chi erano queste persone, da dove venivano, sapere un po' della loro cultura?

Sapevo solo che erano profughi, che quello che non sapeva l'italiano era di Zagabria, doveva fare la quarta, lo misero con quelli di prima.

Finisce questa esperienza, dove sei andata dopo?

Dopo sono andata ad insegnare nella scuola serale di Santa Vittoria e, nel frattempo, è stato bandito il concorso. Non so se la scuola nel campo continuò, io avevo il lavoro solo per quell'anno. Dopo nella scuola serale, che era statale, prendevo di più e quindi accettai di cambiare. Nel 1955 è stato bandito il concorso, l'ho vinto e ho fatto la scuola di ruolo.

Tornando al campo profughi, agli alunni, è successo per caso che durante l'anno scolastico alcuni profughi se ne andassero mentre altri arrivavano? C'era ricambio o erano sempre gli stessi?

No io ho avuto sempre gli stessi.

Perché capitava che alcuni profughi rimanessero nel campo anche solo per un mese, o due, altri per anni.

Io ho conosciuto quella maestra di Servigliano, Isa, quella era di Pola, è rimasta qui per molti anni. Lei era maestra, ha insegnato a Servigliano. Invece c'è una mia vecchia collega, anche lei profuga, di Fiume, adesso sta a Ripatransone. Prima del terremoto abitava qui, Sponza Vanda.

Arriviamo al tuo matrimonio.

Dopo aver vinto il concorso, ho dovuto scegliere dove insegnare, tutti paesi sulla montagna, scomodi. Forse i primi in graduatoria presero i più comodi. I posti disponibili erano a Montefortino, Montemonaco... Io decisi di andare nella scuola di Baldoni, (frazione di Montefortino). Questa raccoglieva anche i ragazzi di Santa Lucia in Consilvano (altra frazione di Montefortino), e c'era una signora con molti figli che lamentava: "Perché noi di Santa Lucia dobbiamo mandare i figli lì quando qui ce ne sono molti di quarta e quinta e giù ce ne sono pochi". Andò dal provveditore, gli fecero presente queste cose, e gli concesse la scuola su. Io dovetti trasferirmi da Baldoni a Santa Lucia. A me convenne perché, sebbene più lontana, vivevo con una famiglia invece di là ero sola. Avevo preso in affitto un appartamento, non ti dico, i topi, le cose. Invece nella scuola a Santa Lucia dormivo lì. C'era un signore, Settimi Nello, adesso è morto, mi aveva dato una camera attaccata alla scuola. Avevo una stanza con un fornelletto e ogni sabato tornavo a casa. Partivo con il trenino Santa Vittoria-Amandola poi da lì una corriera per Comunanza e, infine, un taxi per arrivare a Santa Lucia, è stato un penare. Ci sono rimasta un anno. Dopo ho chiesto il trasferimento e sono andata a Cerretana, lungo la strada che va a Montemonaco, per due anni. In seguito, quando gli alunni iniziarono a diminuire, chiesi di farmi spostare a Bussonico (altra frazione di Montefortino). Intanto mi ero fidanzata con il mio futuro marito, quando ancora ero a Santa Lucia. Mi sono sposata e ho vissuto con lui a Bussonico per ventidue anni. Io mi sono sposata nel 1958 e fino al 1982 sono stata lì. Poi sono venuta qui dove ho insegnato per altri otto anni e, infine, sono andata in pensione a 57 anni. Ho lasciato il lavoro prima perché mi ero stufata. Ho fatto sempre le pluriclassi in campagna. Un anno mi toccavano tre classi e un anno due. Poi i bambini non erano preparati, è stato un lavoraccio. Sono stata anche a Servigliano un anno, Babbo aveva affittato un terreno, siamo stati in quella casa di fronte al San Marco, l'hotel. Ci sono stata un anno prima di sposarmi. Mio marito è morto da 10 anni, aveva sette anni più di me, era geometra. Abbiamo fatto due figli maschi, Stefano e Francesco.

Raccontami di questo ultimo periodo in pensione.

Sì, avevo maturato trentasette anni di servizio, anche quei quattro anni di fuori ruolo, non mi hanno contato tutto l'anno ma solo i mesi di scuola. Uscita da lì poi ero stanca, mezza esaurita, era molto impegnativo. Mio marito faceva il geometra poi divenne appaltatore e lo aiutavo anche in ufficio. Avevo la suocera che mi dava una mano con i bambini. Tuttavia ammetto che è stato difficile lasciare la scuola.

Facciamo un po' di passo indietro, a me ha colpito molto, di queste storie, il periodo dei prigionieri. Ti chiedo come mai queste famiglie aiutavano i prigionieri? Voi avete tenuto nove mesi due prigionieri, due americani, come mai tuo padre e tua madre hanno deciso di aiutarli?

Dicevano che ormai questi bisognava aiutarli, si chiedevano che cosa avrebbero fatto se i loro figli si sarebbero trovati nella stessa condizione, in un'altra parte del mondo, per questo eravamo contenti di aiutarli. Insomma non c'era nemmeno nostalgia del fascismo. Ne erano rimasti alcuni convinti, e facevano anche la spia, li facevano arrestare.

Tu più o meno, ti ricordi come venivano aiutati questi prigionieri dalle donne, cioè, sicuramente le donne cucinavo...

Sì, delle volte venivano a mangiare a casa nostra, oppure andavano anche dalle altre famiglie. Una volta venne questo prigioniero, si chiamava Beo, adesso non so se era solo un soprannome, e mia mamma gli chiese: "Adesso che ti cucino oggi?". Le rispose: "Pane e patate". Mamma pensa, pensa, ma che sarà questo pane e patate. Poi capì che era farina e patate, gli gnocchi, e mamma glieli fece, questo me lo ricordo. A lui piacquero tanto.

Spostandoci ad un altro argomento, tu hai potuto studiare, hai fatto la quarta e la quinta, le altre ragazze di Santa Vittoria che conoscevi, hanno continuato a studiare?

Sì, una è quella che venne con me nel collegio di Ascoli, sia alle medie e sia alle superiori, un'altra pure, sì qualcuno ha continuato.

Gli uomini che continuavano a studiare erano di più rispetto alle ragazze?

Più o meno uguale, dipendeva più dalle famiglie. Perché per proseguire le medie bisognava andare fuori Santa Vittoria, non si facevano tante distinzioni di sesso ma dipendeva più dai soldi.

Invece dicevi di aver insegnato anche alla scuola serale di Santa Vittoria, abbiamo ascoltato testimonianze di diverse donne che prima non avevano potuto studiare, poi hanno recuperato.

Sì ma in quella scuola serale c'erano solo uomini che volevano ottenere il diploma di quinta.

Invece per quanto riguarda alcune mamme, per esempio la tua non sapeva leggere e scrivere, secondo te, come viveva la tua possibilità di studiare, di leggere e scrivere. Era contenta?

Sì era contenta. Mamma sapeva tutti gli stornelli, cantava, era rimasta orfana da piccola, però sapeva molte cose a memoria. Mi ricordo che cantava spesso.

Secondo te, tra la vita delle donne della sua generazione e quelle precedenti e seguenti, cosa c'è di diverso?

Soprattutto adesso, dai miei figli ai nipoti, c'è stato un cambiamento... mi pare. A parte queste robe nuove, non ci capisco niente io, questi telefonini, queste macchine, come si chiamano non lo so. La vita è cambiata, quando ero giovane io non stavamo mai soli, anche quando uno si fidanzava avveniva dentro casa prima di tutto. Il fidanzato doveva andare a casa della fidanzata. Se abitava lontano ci poteva fare cena. Come ad esempio mio marito, era di Montefortino mentre io abitavo a Servigliano. Mamma preparava la cena per tutti, anche per i fidanzati delle figlie. Adesso è diverso, sono le ragazze che vanno del ragazzo, è più le volte che lei va da lui che lui da lei. Prima non c'erano i mezzi, mamma non ci lasciava mai sole, faceva la guardia, aveva paura, anche perché la prima figlia rimase incinta prima del matrimonio. Babbo non era contento del fidanzato, diceva che era povero, non aveva la terra, perché all'epoca quello che possedeva era benestante. Babbo continuava a dire che non andava bene perché non aveva terreni ma lei si è fatta mettere incinta e si è dovuta sposare per forza. Dina si sposò con Armando, è stato il suo primo fidanzato. Babbo non era contento ma lei era innamorata, poi alla fine Armando aveva anche un'altra, Fernanda.

Allora Dina ha detto basta e così lui si è sposato con quell'altra. Dopo a settant'anni si è ripresentato Armando e si è sposata con lui. Si sono rivisti a Servigliano, lui era vedovo. Per dire come era allora la mentalità dei genitori. L'agricoltura era la cosa più importante, se uno non aveva i terreni non valeva niente. Io invece domandavo: "Babbo vendi un pezzo di terra, fai studiare pure Pia", non ha mai voluto.

Una curiosità, la stazione del treno di Servigliano era frequentata?

Sì, c'era molta gente ma non per il campo. Se uno doveva fare delle spese a Fermo non c'erano le corriere, sono state messe solo dopo la chiusura della ferrovia. Non so perché l'hanno chiusa, forse tu lo sai meglio, forse era troppo dispendiosa, o era ridotta male la linea.

A Servigliano, quando fu bombardato il ponte, il treno dove passava?

Sì avevano fatto il ponte nuovo, lì vicino a quello vecchio, dove si passa adesso, ma era per le macchine. Il treno non mi ricordo di preciso dove passasse.

Da bambina che idea avevi del fascismo?

Sai a scuola, al tempo di Mussolini e del fascismo bisognava... le maestre non so fino a che punto erano convinte di queste cose, non so. Mi ricordo la cultura fascista, insegnare qualcosa, il saluto al duce, non si diceva "Buongiorno" quando entrava la maestra ma si salutava con la mano. Poi ci facevano fare i saggi di ginnastica. Mamma aveva sei figli ed erano tante spese, si doveva portare la gonnella nera, la camicetta bianca, per fare i saggi e qualche volta in quarta e quinta l'insegnante ci portava su per la strada a fare degli esercizi, ma penso perché era costretta. Poi c'era una cultura così, per esempio ero convinta che l'Inghilterra e la Francia fossero nostre nemiche, e quindi, le odiavo.

Ci avevano talmente indottrinato. *

**Il regime fascista, oltre ad esercitare il controllo completo sulla vita dei giovani, si adoperò in modo assiduo per dirigere l'opinione pubblica e la stampa. L'editoria era controllata, attraverso censure o interventi, direttamente da Mussolini e i suoi uomini fino al 1937, quando venne creato il ministero della Cultura popolare. Il Duce fece ampio uso anche di strumenti di propaganda, come radio, scritte sui muri e cinegiornali. Quest'ultimi furono molti importanti perché, come spiegano Sabbatucci e Vidotto in Il mondo contemporaneo, proiettavano immagini: "scelte accuratamente per meglio illustrare i trionfi del fascismo e del suo capo"* (G. Sabbatucci e V. Vidotto, op. cit., pag. 393) *Tutto questo aveva la finalità di indottrinare, come dice Elvira, il popolo all'ideologia del regime. Inoltre con il Regio decreto legge 20 giugno 1935 n. 1010 fu istituito il sabato fascista. In questo giorno ogni attività lavorativa, scolastica e pubblica era sospesa a partire dalle 13.00. Il pomeriggio, come si legge nell'art. 5 del decreto era destinato "ALLE ATTIVITÀ DI CARATTERE ADDESTRATIVO PREVALENTEMENTE PREMILITARE E POST-MILITARE, COME AD ALTRE DI CARATTERE POLITICO, PROFESSIONALE CULTURALE E SPORTIVO"* (Gazzetta ufficiale n. 148 del 26 giugno 1935)

Dei partigiani che ne pensavi?

Beh noi aiutavamo i prigionieri, eravamo con partigiani, pochi rimasero fedeli ai fascisti. A noi sembrava che si comportassero bene però, a sentire, anche loro hanno commesso delle cose, omicidi tanti.

Ti eri resa conto che in quegli anni si trattava di una guerra civile?

In quel periodo non si usava questa definizione.

C'erano degli stranieri ma anche italiani contro italiani, era una guerra civile?

Sì ma casomai non sapevo che si chiamasse così. La maggior parte era contro il fascismo, la guerra era andata male, non la dovevano fare, pensavano di vincere velocemente.

Secondo te questa frattura è stata rimarginata o no?

Penso di no perché, ancora adesso, si sente parlare di qualche gruppo...

Che cosa si potrebbe fare per superare questa divisione?

Boh, non lo so, non lo sanno nemmeno i politici. Noi non sapevamo molto, a parte delle Fosse Ardeatine e di Marzabotto. Invece dell'uccisione degli ebrei sui campi non lo sapevamo, per me, quando l'ho saputo, è stata una novità. Anche nelle scuole, non si insegnavano queste cose. Non lo sapevamo noi.

Quando si incominciò a palarne nelle scuole?

Non lo so, tardi, dopo anni, ma mi sono meravigliata. Mi chiedevo come mai non se ne fosse parlato prima. Il perché non l'ho capito mai. Anche quando insegnavo i primi anni, sui libri delle elementari, non se ne parlava, né del fascismo, né di niente. Non so perché rimase tutto nel silenzio, nascosto.

Vorrei chiederti, se ti ricordi, uno o due stornelli di tua madre.

No se io li vedo scritti me li ricordo, mi dico: "Questi erano quelli che cantava pure mamma." Ho un libro su Montefortino, con tutti i vecchi stornelli.

Hai mai fatto delle ricerche su internet?

No, non lo so usare, uso ancora l'enciclopedia. Non ho mai voluto imparare, perché poi me lo dimentico.

Un'ultima domanda, tu sei una donna che simboleggia un po' il cambiamento che hanno fatto le donne nel '900, sei andata a studiare, a vivere da sola... poi ti sei sposata, hai sempre lavorato. Avendo passato tutto questo, ad una giovane donna di oggi, che cosa ti sentiresti di dire?

Io ho una nipote che adesso fa l'università, non ho mai influenzato le sue scelte. Io non direi niente. Io l'ho aiutata nei compiti, quando faceva il liceo scientifico, per esempio con il latino. Per quanto riguarda il consiglio della vita, della professione, io non ho saputo darglielo, ha scelto autonomamente.

Grazie mille.

Fine

MARIA BRUNI e QUINTA GUGLIELMI
Amandola
Classe 1929

Bruni Maria nata nel 1929 si trasferì in giovane età con la famiglia di contadini mezzadri a Garulla, frazione montana di Amandola.

Presentati.
Bruni Maria nata il 07 agosto del 1929 a San Ginesio.

A San Ginesio, dove tuo padre faceva il mezzadro per le monache, come era la vita?

Allora per me non era tanto dura perché ero piccola. Poi ci siamo trasferiti vicino Sarnano. Lì lavorava solo papà. Siamo andati via da San Ginesio quando avevo sette anni. Mia mamma si chiamava Luisa, anche lei aiutava mio padre. Metà del lavoro lo davamo al monastero e il resto per noi, stavamo bene.

Vedevi ogni tanto le monache?

Si, mi volevano portare con loro, dicevano che mi avrebbero fatto studiare. Invece mamma non ha voluto. Dissero: "Dopo che ha studiato farà quello che gli pare, se vuole rimanere qui, oppure se vuole uscire, esce"; ma non mi ci ha mandato.

Dall'infanzia all'adolescenza, i primi vent'anni della tua vita che ricordi hai?

Mi ricordo che ho lavorato molto, a Garulla. A tempo di guerra si pativa anche la fame perché c'era la tessera, si raccoglieva anche poco, la metà toccava darla al padrone. Poi dovevamo dare un tot al mese, un paio di polli all'anno, tutto così. Allora la povertà era brutta. Da Garulla andavo a Camporotondo (comune in provincia di Macerata) e dai parenti che ci davano parecchia roba e io, a piedi, da lassù andavo giù. Trasportavo queste cose a mano, tornando a casa, camminavo tanto. Avevo meno di vent'anni. Ci davano tanto da mangiare, quello sì.

A scuola?

Ho fatto fino alla terza, a Sarnano. Dopo ci siamo trasferiti a Garulla perché allora i padroni davano i terreni solo a chi aveva figli giovani che lavoravano e noi ci muovevamo in base a come si trovava lavoro.

I tuoi fratelli, sono cresciuti, che hanno fatto?

Uno sta a Roma, è del 1923. Ha fatto la guerra. Un fratello non si è sposato ed è rimasto in famiglia, ed un altro, il più piccolo, è andato poi in Inghilterra.

Del fascismo che ricordi hai, lassù si sentiva la sua eco?

No lassù non si faceva niente, una volta sono venuti i patrioti (partigiani) e ha fatto un disastro, hanno ammazzato i cavalli, hanno fatto tanti danni.

Per quanto riguarda il fascismo.

In famiglia del regime se ne parlava poco.

In famiglia come era la scolarizzazione?

Mio padre aveva fatto le scuole serali, sapeva leggere e scrivere. Anche io un po'. La mamma no.

Tu lavoravi in campagna?

Si facevo questi lavori, accudivo le vacche e usavo la pertecara (l'aratro). Ho lavorato tanto, più delle forze che avevo.

Dei fratelli?

Uno è rimasto lì, adesso è anche morto, povero cocco, uno ha fatto le scuole medie, è andato un po' di tempo sul cantiere, poi è andato in Inghilterra. Il cantiere era una delle attività sovvenzionate dalle forestali, andavano a lavorare sul bosco, a piantare le piante: pini, aceri. Questo dopo la guerra, nel 1950.

Durante la seconda guerra mondiale da Garulla come si arrivava ad Amandola?

Chi aveva il somaro andava con quello oppure a piedi. La strada c'era però non c'erano i mezzi. Da Garulla ad Amandola si impiegavano circa due ore.

In tempo di guerra, quando avevi circa 20 anni, che ricordi hai degli eventi, si sapeva quello che succedeva in giro, c'era qualche informazione che arrivava?

Poco niente, c'era qualche famiglia che aveva la radio. *

**Durante la seconda guerra, specie durante il periodo di occupazione nazista, ogni informazione era controllata e in particolar modo la radio. Un ordine del comandante supremo tedesco Albert Kesserling infatti proibiva: "Il possesso di stazioni radio e parti di ricambio per stazioni radio trasmittenti di qualsiasi genere. Ivi incluse anche le stazioni radio trasmittenti dilettanti nonché i vari accessori [...]. I contravventori saranno puniti con la morte"*
(A. Millozzi, op. cit., pag. 72).

Molti uomini erano stati chiamati alle armi, la vita in paese come andava avanti?
Quelli rimasti lavoravano e sopravvivevano con il poco che gli dava la terra, basta.

Papà tuo?

Ha fatto la guerra del '15-'18 e non ha partecipato alla seconda. Se l'è passata male, povero babbo.

Ad un certo punto a Garulla arrivano degli sbandati, delle persone da fuori, che ricordi hai?

C'è stata anche una famiglia che ha preso una casa lì, non mi ricordo. Tra Garulla di sopra e di sotto c'erano due famiglie che si nascondevano. *

**Altre fonti orali attestano che una di queste famiglie sfollate fosse ebrea.*

Parliamo degli Inglesi.

Io non ci ho mai parlato perché non sapevo la lingua, li ho incontrati sempre perché andavano li su una fabbrichetta dove lavorava Paolo. Io stavo in quelle scalette lì e li incontravo sempre. Noi eravamo troppo poveri per ospitarli. C'erano delle famiglie che gli davano da mangiare, che li aiutavano.

Quanto tempo sono rimasti?

Qualche mese, dormivano in una casa.

Si nascondevano se c'era qualche pericolo?

Ma non ce n'erano tanti, poi in montagna, fino a lassù. Allora quando c'erano dei movimenti strani andavano via anche i ragazzi, si nascondevano sulla macchia. Un giorno arrivarono dei tedeschi, dove stavo io, anche se non c'ero, c'erano i miei fratelli, erano piccoli, chiedevano: "Dove stanno quegli altri?". Allora gli rispondevano: "Sono andati via, non lo so..." Poi, dopo aver insistito un po', lì lasciarono perdere, ma chiedevano, erano i tedeschi.

I partigiani, quando tornarono a Garulla, cosa accadde? *

Quelli stavano lassù, comandavano loro, ammazzarono delle bestie, hanno fatto un po' i prepotenti. (I nazifascisti) Ne hanno ammazzati molti anche verso Sarnano. Noi avevamo paura un po' di tutti.

**Inizialmente i movimenti di resistenza partigiani erano bande che non avevano una precisa organizzazione. Montanelli e Cervi individuano in sbandati che non avevano alcuna alternativa, in ragazzi e uomini animati da una scelta consapevole, i primi individui che riempirono le fila di questo movimento.* (I. Montanelli e M. Cervi, op. cit., pag. 253) *Solo in seguito, con l'adesione anche di figure importanti, si delinearono gruppi organizzati in base all'ideologia di appartenenza. Così si formarono le Brigate Garibaldi, formate dai filo comunisti, le formazioni di Giustizia e Libertà, le Brigate Matteotti, dei filo socialisti, le formazioni cattoliche e liberali e, infine, quelle autonome, principalmente formate da soldati filo monarchici.*

Hai mai incontrato questi partigiani o patrioti?

No, ma i paesani avevano paura, ma per forza.

Ritorniamo alla tua vita personale, quando ti sei sposata?

Mi sono sposata nel 1959, mi sono fidanzata quando avevo quindici anni con Giuseppe Guglielmi. Per fare le lenzuola del corredo sono andata in inverno da un prete che conoscevo a Fermo per fare qualche soldino e per comprare la canapa, l'ho filata e fatto le lenzuola sul telaio. Erano quei tre mesi d'inverno in cui non si lavorava più la terra, era per guadagnare qualcosa, come donna di servizio.

Perché questo lungo fidanzamento?

Loro ne erano tanti in famiglia, le donne potevano sposarsi quando volevano, gli uomini dovevano aspettare che si sposassero quelli più grandi. Erano sette figli.

Ad un certo punto vi siete sposati, siete riusciti a mettere su casa?

Sono andata a casa di mio marito a Garulla. Durante il matrimonio si lavorava, si tirava avanti. Ci siamo impegnati tanto ma si guadagnava poco. Mio marito si dava tanto da fare. Dopo siamo stati bene, abbiamo allevato le bestie, le vacche, i maiali, le pecore. Questo negli anni '60. Abbiamo avuto due figli. Mia figlia ha fatto le magistrali, quell'altro è andato a scuola a Sarnano poi non ha voluto proseguire. *

**Non solo l'Italia, ma ogni paese industrializzato, conobbe tra gli anni '50 e '60 del Novecento uno sviluppo straordinario, in particolar modo per quanto riguarda il settore industriale. Sabbatucci e Vidotto hanno individuato i tre fattori che hanno permesso non solo la ricostruzione post-bellica ma anche un rapido ed eccezionale sviluppo di queste nazioni. Gli storici affermano che da una parte fu fondamentale l'esplosione demografica, ovvero la crescita della popolazione e il conseguente innalzamento della domanda di beni e servizi. Questo portò alla possibilità di poter usufruire, nel giro di pochi anni, anche di una nuova forza lavoro. Gli altri due fattori sono stati: il rinnovamento tecnologico e l'apertura sugli scambi internazionali.* (G. Sabbatucci e V. Vidotto, op. cit., pag. 525)

Secondo te perché i contadini, chi ha potuto, ha aiutato?

Perché avevano buon cuore, aiutavano quella povera gente. Loro lo capivano che significava soffrire, allora ce n' erano molti di mezzadri.

Nel dopoguerra a Garulla la vita era difficile, povertà per tanti, perché la mezzadria durò parecchio?

Sì, durò molto, fino agli anni '70.

Fino a quando c'è stato un riscatto, molti sono andati via da Garulla?

Sì, parecchi mezzadri sono andati via perché rendeva poco. Noi invece siamo rimasti lì.

La riflessione che ti voglio far fare, qui abbiamo tre generazioni, tua nipote, tua figlia e ci sei tu

Quattro, ho anche la pronipote.

Ecco se tu paragoni te stessa a tua madre che cosa è cambiato nell'emancipazione della donna, partendo dalla figura di tua madre, nata alla fine dell'ottocento, e nella tua vita fino ad oggi?

Non lo so nemmeno spiegare, ai tempi di mamma erano più riservati, la famiglia era chiusa, non c'era questa babilonia che c'è adesso, ai miei tempi poco cambiò. Dopo, quando è venuta Elide, c'è stata l'apertura al mondo esterno…

Rispetto all'uomo, eravate molto messe da parte?

Sì, messe da parte, addirittura nella chiesa di Garulla c'era un soppalco in cui ci potevano andare solo gli uomini.

Tu come la vivevi?

L'accettavamo tutti, era così.

Fine

Guglielmi Quinta nata nel 1931 da famiglia di contadini (proprietari del proprio fondo) di Garulla.

Raccontaci di te da giovane, la famiglia, cosa facevi, della scuola.

Sono nata il 9 Giugno del 1931, mi chiamo Quinta, Guglielmi Quinta, eravamo sei figli: tre maschi e tre femmine. Eravamo padroni del nostro terreno, avevamo anche il contadino e uno zio prete, il fratello di nonno, a Garulla.

La condizione economica era buona?

Sì, avevamo da mangiare.

La scuola?

Sì, sono andata a Garulla, fino alla terza elementare.

A casa chi sapeva leggere?

Papà, poi lavorava la campagna, poi la mamma stava sempre male, aveva la bronchite asmatica. Noi aiutavamo in casa poi c'era una zia, una cognata di mamma, che anche lei dava una mano, noi andavamo a pascolare le bestie: pecore e vacche.

Del fascismo hai dei ricordi?

No, niente di particolare.

Che cosa è cambiato nella vostra vita durante la guerra?

Il papà è rimasto a casa. Non è cambiato molto.

Questi inglesi li hai visti? *

Questi mi ricordo, uno si chiamava Fred e uno Billy, gli altri due non mi sono mai potuta ricordare. Mi imparavano i numeri in inglese: one, two, three, four, five…. mi è rimasto impresso, venivano aiutati da più famiglie: un giorno da uno, uno d'altro. Venivano anche a casa nostra.

**Allo scoppio della Seconda Guerra Mondiale si formarono due schieramenti contrapposti: le potenze dell'Asse e degli Alleati. Di quest'ultimi facevano parte l'Impero britannico, gli Stati Uniti, l'Unione Sovietica, la Francia e altre nazioni minori. In particolar modo nel campo di Servigliano, nel periodo che va dal 1941 al settembre 1943, confluirono prigionieri di varia nazionalità. "Nel marzo del 1943, secondo l'Archivio storico dello Stato Maggiore dell'esercito, vi erano a Servigliano 1445 Britannici (inglesi, maltesi, ciprioti, polacchi, norvegesi…), 464 Americani e 4 Francesi.* (F. Ieranò e G. Millozzi, op. cit., pag. 22) *La vita e il trattamento dei prigionieri erano regolati dalla conferenza di Ginevra del 1929, firmata anche dall'Italia. Periodicamente il campo veniva controllato da un gruppo di ispettori svizzeri, proprio per la neutralità del paese. La vita era regolamentata da alcune attività e la sussistenza degli internati era migliorata dai pacchi della Croce Rossa, inviati da vari paesi alleati. Riguardo al CPG59, ovvero il campo di Servigliano, possiamo leggere in un resoconto del giugno 1943: "Non abbiamo nessuna critica particolare da fare in proposito del Campo 59, che abbiamo visto per l'ottava volta. Questo campo è ben gestito"* (Giuseppe Millozzi, I prigionieri alleati nelle Marche, op. cit., pag. 43)

La sera stavano in famiglia?

Sì, la sera si stava assieme, ma l'italiano lo parlavano poco, quasi niente. Uno voleva insegnarmi l'inglese, mi è rimasto proprio impresso.

Perché avete aiutato queste persone?

Per far del bene, fossero stati figli nostri. Prima si credeva, la famiglia nostra è stata sempre religiosa.

Ma tu all'osteria ci andavi mai?

Non la frequentavo molto.

Dopo la guerra come era la situazione a Garulla?

Adesso non mi ricordo, noi eravamo una famiglia che stava bene, avevamo anche un contadino.

Ti sei sposata?

Sì, ho avuto due figli, due maschi.

Se paragoni te stessa a tua madre, come era la sua vita e come era la tua, cosa è cambiato?

Da così a così, prima non c'erano libertà, non si poteva uscire, adesso è tutto diverso, è cambiato tutto. Era troppo rigido.

Che consiglio daresti ai nipoti?

Ora va così, bisogna che ti ci abitui, è la vita.

Fine

L'episodio del ragazzo raccontato da Quinta Guglielmi e Bruni Maria.

C'era un ragazzo che durante la guerra scappava, come tutti. Una volta lo avvistarono e chiesero al prete se fosse lui. Questo gli rispose: "Ma quello è uno che va a funghi", gli volevano sparare. Lo salvò, erano questi che venivano da fuori, non so se fascisti, nazisti... con una bugia, però, l'ha salvato. Mi sembra che facesse Gramanti di cognome. Erano due fratelli, uno stava lì all'abbadia, Don Enrico, e Don Giacchino stava qui a Garulla, Don Gioacchino Gramanti.

La lavorazione della canapa raccontata da Quinta Guglielmi e Bruni Maria.

La canapa si carpiva, si faceva asciugare al sole, poi c'era un attrezzo di legno, una tavola con dentro una buca, dall'altra parte c'era un'altra buca e in mezzo un altro pezzo di legno. La canapa, noi donne, la mettevamo lì e la schiacciavamo. Dopo la filavamo per farci le lenzuola. La lavoravamo sul telaio, in genere d'inverno. Diversamente gli uomini si ritrovavano tutti insieme a fare gli attrezzi che servivano: i rastrelli, i canestri, le pale. Tenevano gli attrezzi tutti insieme e si aiutavano tra di loro. C'era una signora, sempre a Garulla, vicino la madonnina, che faceva le scarpe. Allora le si portavano tutti gli zoccoli e lei faceva le calzature per il paese. Lei (Bruni Maria) raccoglieva le uova di tutta Garulla, andava tutti i giovedì al mercato a venderle per comprare olio, sale, pasta, conserve, insomma la spesa per tutta la settimana.

ELIDE GUGLIELMI

Amandola

Classe 1960

Elide Guglielmi, nata nel 1960 e figlia di Quinta Guglielmi, è la più giovane delle donne intervistate.

Qual era il punto di vista dei contadini e delle classi più basse, nella storia dei nostri territori?

Loro politicamente non erano molto coinvolti o schierati, diciamo la diretta persecuzione non l'hanno avuta, però, almeno da come si diceva a casa, hanno visto i partigiani come quelli autorizzati ad usare forme di ricatto. Nel senso che se avevano bisogno di cibo, di qualcosa, loro lo potevano fare, se lo prendevano con la forza, potevano agire liberamente. Questo nella civiltà contadina, dove c'era pochissimo, anche prendere un pollo, era una violenza, un sopruso. Quindi fascisti e partigiani erano visti alla pari, in questo senso. Essendo vissuta in una civiltà di questo tipo, a Garulla, a casa nostra la televisione l'hanno comprata i nostri genitori quando avevo circa dieci-undici anni. La sera da noi si diceva il rosario e si raccontavano le storie. I nonni portavano la pipa, tutti fumavano e si raccontavano storie di paura, di fate, del *Tristo* (il maligno). Mi ricordo che la sera, quando andavamo a dormire, guardavamo sotto il letto e noi bambini avevamo paura, avevamo la testa piena di quelle fantasie. Il discorso della donna, nella civiltà contadina, era anche legato al concetto di religione. Noi avevamo il nostro sacerdote, famosissimo in Amandola, si chiamava Don Ruffino, per cui la donna aveva veramente il suo ruolo di moglie e madre. Mi ricordo una sera, avevo tredici anni, alla messa della notte di

Natale, io ero tutta contenta con un completino giacca e pantaloni, non mi ha fatto entrare in chiesa perché portavo i pantaloni. Questo nel 1973. Per lui era un insulto, una cosa che poteva essere normale, diventò uno scandalo. Si andava a messa con un fazzoletto, gli uomini erano su un soppalco, più in alto delle donne. Le preghiere le ho imparate tutte quante in latino, le ripetevamo un po' a filastrocca, non molto correttamente. *

**Nel dopoguerra, nonostante la rapida evoluzione industriale e tecnologica, la cultura, specie nelle zone rurali, rimase fortemente legata alla tradizione. Questa era fortemente influenzata da una parte da quel bagaglio di credenze, storie e superstizioni popolari, dall'altra dalla religione. Le forme di intrattenimento, prima della televisione, erano i racconti di tradizione popolare. Queste narrazioni si avvicinavano ai modelli letterari della fiaba e della favola, per questo piacevano tanto ai bambini. Le caratteristiche principali erano: la presenza di elementi o creature magiche, di figure fantastiche appartenenti all'immaginario locale (lo Tristo) e della perenne lotta tra il bene e il male.*
Per quanto riguarda la religione, in quel periodo, risulta essere ancora molto radicata nelle persone e nella società. Il 25 gennaio del 1959 prese avvio il più grande concilio ecumenico da quello di Trento (1545-1563), il Concilio Vaticano II. Questo si propose di rinnovare l'istituzione ecclesiastica riguardo "la sua apertura alle istanze del mondo moderno e contemporaneo" (Gaudium et spes. Pastoral Constitution on the Church in the Modern World, su Vaticano, concilio Vaticano II, Roma, IT). Tuttavia, alcune di queste riforme penetrarono lentamente all'interno del territorio e molti ministri della chiesa rimasero fedeli, per lungo tempo, alle vecchie tradizioni ecclesiastiche.

Il fatto della neutralità è stato un vantaggio per chi ha aiutato, non essendo schierati né con i partigiani né con i fascisti?

Io penso che si schierassero automaticamente con chi aveva subìto, è una cosa normale per chi vive in campagna, chi ha visto la sofferenza. Non erano ricchi, il benessere consisteva nel mettere qualcosa nel piatto. Quindi per una persona, a prescindere dalla religione, aiutare chi aveva bisogno, era anche un modo per mettersi nei panni dell'altro. Pensavano che se fosse capitato ad un loro figlio avrebbero voluto che fosse aiutato nello stesso modo. Non era solo precetto evangelico ma anche quotidianità. In campagna c'era sempre bisogno d'aiuto, che io ho dato, perché ho pascolato le pecore fino a quando mi sono sposata. In estate c'era molto da lavorare: mietere il grano, il fieno, la battitura. Per pascolare ci voleva almeno una persona, allora si faceva un branco, ovvero si mettevano insieme tutte le pecore di Garulla, e una famiglia a turno andava a pascolarle. Quindi andavi una volta alla settimana o dieci giorni e il resto del tempo lo dedicavi ad altre attività. Si portavano su in montagna la mattina poi le portavamo giù la sera. Era sempre il compito di noi ragazzi. Per esempio veniva con me anche Adriana, invece di andare sola. Questo era un modo di aiutare, così chi aveva le braccia forti le impegnava nella campagna.

Se paragoni te stessa a tua madre che cosa è cambiato nell'emancipazione della donna?
Dovrei aprire una piccola parentesi, che nella nostra famiglia, è sempre stato al primo posto lo studio. Mio nonno era fermissimo su questo. Nella nostra casa non c'era distinzione tra maschi e femmine. Nella mia adolescenza, quando uscivo o andavo a ballare, c'era una sala verso l'Ambro, c'era il ristorante e sotto si ballava. Erano gli anni 1972-1973, intorno tutte le mamme che accompagnavano le figlie, altrimenti non si usciva di casa. Questo a casa mia non è mai successo, i miei genitori non sono mai venuti. Oppure veniva il fidanzato a casa, la mamma stava lì, non ci lasciava da soli, era la regola. Adesso i ragazzi si farebbero una risata, la libertà è intesa come faccio quello che mi viene in mente. Penso che molto abbia inciso anche il fatto che la religione sia meno pressante, meno vincolante come precetto di comportamento. Da un certo punto di vista è anche giusto che non sia di controllo, addirittura prima si doveva confessare anche quando si avevano rapporti con il marito, era una cosa normale, perché se era per lussuria e non per fare figli... Alcune forme erano troppo di controllo, adesso anche con le mie figlie la libertà è assoluta, forse qualche freno in più magari servirebbe...

Quando ero ragazzina non avevo tantissimo ma non mi mancava niente. La prima bicicletta che abbiamo avuto io e mio fratello ce l'ha regalata un amico di mio padre, che era dei loro figli. Però io ho sempre avuto il desiderio di raggiungere, di avere qualcosa, forse la mancanza di qualcosa mi ha sempre spinto ad arrivare ad un punto. Se adesso hanno già tutto in partenza a prescindere e non hanno un fine dove arrivare, non so se sia così positivo. Inoltre non godono appieno di quello che hanno perché magari non c'è stato un percorso, anche piccolo, di conquista. Uno dei pochi divertimenti che avevamo, dopo aver detto il rosario la sera, era la radio oppure il giradischi. Spesso ascoltavamo le ballate, Salvatore Giuliano, queste storie così, sempre un po' negative, oppure si ballava. Papà mi ha insegnato a ballare il valzer con il giradischi, aveva questi scarponi enormi con cui andava a lavorare. Mi ricordo che quando saltava, intorno al tavolino, lo faceva con una «leggerezza» da far tremare tutto il pavimento. Andavo anche alle serate nelle case o su a Garulla dove avevamo chiesto al comune la possibilità di usare la scuola chiusa. Abbiamo fondato un circolo ed il sabato e la domenica andavamo a ballare lì. Oppure andavamo a casa di una signora non sposata, e lì eravamo un po' più libere di chiacchierare e parlare con i ragazzi, era una cosa ambita e poteva scapparci anche qualche bacetto. Un'altra cosa invece, mio padre che ci ha sempre considerato alla pari, maschi e femmine, nel 1974 avevo 14 anni, mi comprò una splendida vespa 50 rossa, così la domenica pomeriggio potevo andare al cinema. Il primo film che ho visto nelle sale è stato ad otto anni, Ben-Hur, con mio zio. Ancora oggi ho il ricordo di alcune scene. Era una cosa così bella per me che a mia figlia, a 14 anni, ho comprato subito il motorino. Non c'era nemmeno il casco.

Fine

ANATOLIA ARMELLINI

Amandola

Classe 1929

Anatolia Armellini, nata nel 1929 a Santa Vittoria in Matenano, era la figlia del macellaio Giovanni Armellini.

Presentati

Sono nata a Santa Vittoria in Matenano il 22 febbraio del 1929.

La tua famiglia

Sono la seconda figlia del primo matrimonio, mi levo circa 12 mesi con mia sorella Anna, che è morta. Poi mamma è rimasta incinta di due gemelli. Erano due maschi, uno è nato benissimo mentre l'altro è rimasto dentro di lei causandone la prematura morte. Lei diceva: "Battezzatelo, battezzatelo, chiamatelo Angelo." Quel giorno aveva nevicato molto e non la potevano spostare quindi l'hanno portata fino a Servigliano con la slitta, quelle che usavano i contadini per il fieno. Da lì poi dovevamo portarla a Montegiorgio ma non ci si poteva andare per quanta neve aveva fatto. Alla fine l'hanno portata a Macerata e dopo ventidue giorni è deceduta per setticemia. Dopo le hanno fatto il cesareo e levato il bambino, ma già l'infezione… io avevo appena diciotto mesi e mi ha cresciuto una zia, una sorella di mamma che aveva appena dodici anni, quindi quasi coetanee, per me è sempre stata zia, papà non me l'ha mai fatta chiamare mamma. Questa è una cosa di cui ho sofferto tanto. Papà mi diceva che mamma stava in paradiso, questa è tua zia, e la chiami così. Papà una volta, sotto Natale, disse: "Mi sono fidanzato con una di Montegiorgio, mi sposo, però sia ben chiaro che le bambine le voglio io, non ve le lascio." Allora questa zia, che mi aveva cresciuto, rispose: "Ma allora perché non ti sposi a me" - e allora nonna l'aveva sgridata, perché non si potevano dire cose del genere. Ma chissà forse papà ci aveva fatto un pensiero, si lasciò con questa di Montegiorgio, è sempre stato un don Giovanni, si fidanzava facilmente. Allora si è sposato con questa zia. La loro prima figlia con me si leva cinque anni precisi, Armanda. Da quel momento le sorelline sono venute una appresso all'altra, perché mamma Irma ne ha avuti sei di figli, sette con l'ultimo che gli è morto. Quando c'erano tutti questi tedeschi, gli andò via il latte a causa dello spavento e il bambino morì.

Gli anni del fascismo, cosa accadeva a Santa Vittoria?

Noi andavamo a scuola, come tutti, non c'era nemmeno la legna per scaldarsi. Noi di Santa Vittoria vincemmo il saggio delle piccole italiane e ci portarono a Roma. Io ancora me lo ricordo, lì a piazza Venezia, Mussolini sul balcone. *

**Palazzo Barbo o Palazzo Venezia è un edificio storico di Roma situato tra Piazza Venezia e via del Plebiscito. Fu scelto da Mussolini come suo quartier generale a partire dal 16 settembre 1929. Dal balcone che si affaccia sulla piazza il Duce ha pronunciato alcune fra le più importanti arringhe al popolo italiano, come la dichiarazione di guerra del 1940. Questi discorsi servivano a rafforzare l'immagine del regime e presentarlo come un leader carismatico e forte.*

Io facevo l'Italia perché ero la più alta. Nel frattempo mi sono ammalata di un tifo fortissimo. Tre mie amiche sono morte per questa malattia a Fermo. Mi curava un dottore che stava a Santa Vittoria, internato politico, era albanese. Mi curò con il carbone macinato, perché papà non mi mandò a Fermo. Aveva isolato la casa e tutti gli altri fratelli sono andati da nonna. Dopo questo tifo, mi sono salvata per miracolo, avevo nove anni, mi è venuta anche la tromboflebite alle gambe. Mi ricordo che mi mettevano addosso le lumache, quelle nere, gli urli che non ti dico, mi si attaccavano sulle gambe, erano tutte gonfie. Sono stata male circa un anno e mezzo, allora la quinta l'ho saltata.

Dopo l'armistizio del 1943 ci furono una serie di rastrellamenti di ebrei, ci racconti l'episodio famoso?

Quel giorno io portavo Vittoria, una delle sorelle che allora aveva poco più di un anno, e arrivò questo camion, tutto aperto, pieno di ebrei. Io mi sono fermata con questa carrozzina e sento qualcuno: "Come sorella, come sorella, come sorella…" Questa ha fatto scivolare dal camion una bambina e allora io ebbi subito la prontezza di metterla nella carrozzina. La camionetta si era fermata in piazza, vicino alla fontana, e i tedeschi con un tubo davano l'acqua a tutti questi ebrei. Sono andata da papà, perché allora la macelleria era appena dopo l'arco. Papà mi disse "vai subito a casa e dì che questa bambina è venuta da Gorizia, che è tua cugina, dillo a tutte le sorelle e a tua zia, che dopo vengo io. Corri e non ti girare". Siamo andate subito a casa, a Santa Vittoria, sulla piazza dove c'era il dopo lavoro, dove si ballava, noi stavamo lassù. Dissi a mamma Irma cosa era successo e che poi papà avrebbe spiegato. Allora la bambina, Vera, iniziò a piangere e a chiedere della mamma, è arrivato papà e la rassicurò: "Non ti preoccupare, sta zitta e continua a dire che sei venuta da Gorizia e che sei mia nipote, perché è una cosa seria". Così è rimasta con noi, io avevo questo segreto, nemmeno alle sorelle l'avevo detto, dicevo sempre che era arrivata con la corriera. Nel frattempo papà è riuscito a far uscire anche la mamma dal campo di Servigliano * e la nascose.

**Nell'archivio storico di Ascoli Piceno è contenuto un documento del 7 ottobre 1943 emesso dal comando locale tedesco. Questo ordinava che: "Tutti gli ebrei internati e liberi, cittadini italiani e stranieri, comunque residenti o soggiornanti in questa provincia, devono essere al più presto tratti in arresto ed internati nel Campo di concentramento di Servigliano". Da quel momento iniziarono una serie di rastrellamenti da parte delle truppe nazi-fasciste che portarono all'internamento di un totale di sessantuno ebrei nel campo di Servigliano. Alcuni di essi riuscirono a fuggire mentre trentuno vennero deportati al campo di Fossoli e poi condotti ai campi di sterminio in Germania. Di questi solo in tre riuscirono a salvarsi.*

In quel periodo c'erano anche i prigionieri evasi, che cercavano un luogo sicuro. Qui ce n'erano sei, due li teneva Roscioli, a casa sua e papà quattro. Quindi anche Roscioli stava zitto perché papà lo ricattava un po', però di Vera non ne venne mai a conoscenza. Quella notte ha fatto uscire anche la mamma e altri due, con l'aiuto di Roscioli, e lei è rimasta a casa nostra nascosta sulla soffitta. Però non l'ha detto subito, solo dopo lo abbiamo saputo. Papà ci disse che non doveva saperlo nessuno, sennò i tedeschi ci avrebbero ucciso a tutti. Allora stavamo zitte e la sera papà gli portava da mangiare e gli mise un mobile davanti alla finestra. Quando sono venuti i tedeschi a fare la perquisizione non hanno visto nulla. Lì c'è stata quasi tre mesi, nascosta, dopo le cose si sono un po' sbrogliate e l'ha messa in un altro posto a Santa Vittoria. Gli altri sapevano che erano sempre parenti arrivati da Gorizia, era sempre la solita storia. Nel frattempo sono ripassati i tedeschi. Un giorno arrivarono con i mitra, misero tutto sopra, volevano che gli cucinassimo una frittata. Vera conosceva il tedesco perché era del confine polacco. Questi dicevano: "Adesso ci divertiamo, guarda quante belle ragazze". C'era Anna, mia sorella, che aveva 13-14 anni, un'altra 15. C'era anche una nostra amica quel giorno, e allora Vera che capiva il tedesco disse: "Mamma guarda noi una alla volta dobbiamo fuggire", una alla volta siamo uscite dalla finestra della camera. I tedeschi si misero a mangiare, una grossa di frittata, e alla fine chiesero: "Dove sono le ragazze?". Mamma rispose che erano uscite, allora questi si sono arrabbiati e hanno perquisito tutta casa e si sono portati via tutti i salami e i ciavuscoli (il ciauscolo è un salame tipico marchigiano). Papà faceva il macellaio... sì portarono via quasi tutto. Mamma Irma con lo spavento non ebbe più il latte, ci rimase tanto male. Dopo loro si ritirarono da Santa Vittoria, erano venuti perché i patrioti avevano ammazzato un tedesco e loro volevano sapere chi erano i colpevoli. Intorno al capannone avevano messo tutte mine.

Nel frattempo Vera viveva con noi, andavamo alla messa e allora si è battezzata. Ma volle che rimasse un segreto. Fu battezzata con il nome di Vittoria. Lei lo disse alla mamma mentre stava nascosta: "Mamma guarda io prendo il battesimo e divento cattolica, perché ci siamo salvate e poi vado sempre in chiesa, mi piace, vado con loro". La madre rispose: "Fai come vuoi, per me va bene". Pensa che poi il papà, ma questo si è scoperto solo dopo, era riuscito ad andare in Inghilterra e si era salvato, mentre i loro parenti sono morti tutti nei campi di concentramento. *

* *"Tra il 1933 e il 1945, la Germania Nazista e i loro alleati crearono più di 40.000 campi di concentramento e altre strutture carcerarie"* (https://encyclopedia.ushmm.org/content/it/article/nazi-camps) *Questi permisero di portare a termine la questione ebraica. Nel 1946 durante il processo contro gli alti capi nazisti, tenutosi a Norimberga, venne coniato il termine genocidio, ovvero sterminio deliberato di un intero popolo. In numerosi furono accusati di tale colpa, ovvero di aver proceduto al massacro degli israeliti in modo sistematico e in tutti i paesi occupati durante la guerra.*

Faceva il commercio di frutta qui a San Benedetto mentre loro stavano a Santa Vittoria, quasi per cinque anni, da Londra veniva a San Benedetto. Poi il vaticano, con il sacerdote di Santa Vittoria, ha ritrovato il padre. Venne a Santa Vittoria, lo abbiamo conosciuto, è morto in Inghilterra.

Dei prigionieri inglesi?

I prigionieri inglesi stavano vicino al campo santo, in una cascina nascosti. Papà ci mandava giù a portargli da mangiare tutti i giorni. Ce lo dava anche nonna e sono rimasti per un po'. Erano polacchi, ma stavano con gli inglesi, quattro polacchi. Venivano anche a casa, dopo sono andati via. Dopo hanno arrestato papà, lo hanno portato a Sarnano per fucilarlo insieme ad un medico di Amandola, dopo la liberazione. Dicevano che papà era fascista perché stava con Roscioli. *

**Settimio Roscioli, nato il 21 luglio 1911 a Monterinaldo, in seguito all'armistizio del 1943, divenne ispettore di zona dei fasci repubblicani. Dopo essersi arruolato nella guardia nazionale della Repubblica di Salò e poi nelle SS tedesche, con il grado di Maresciallo, in seguito alla liberazione, fuggì a Nord. Fu arrestato a Roma e internato nel campo di concentramento di Afragola (Napoli). In seguito a due evasioni, venne definitivamente catturato il 07/09/1953 e condannato a 30 anni di reclusione. Nel corso della sua attività repubblichina Roscioli compì numerosi delitti collaborando con i nazisti occupanti. Le sue vicissitudini si possono trovare negli archivi della Questura di Ascoli Piceno. Di alcuni fatti raccontati da Anatolia, come del salvataggio di alcuni prigionieri evasi, non abbiamo nessuna testimonianza scritta che li possa confermare. Come in ogni intervista, le vicende raccontate sono mediate dalle esperienze, dalla cultura, da ciò che veniva detto e insegnato a queste ragazze. Per Anatolia crescere in una famiglia fascista, nonostante i ripensamenti successivi, ha prodotto un ricordo diverso da quello che ci è stato tramandato dalla storiografia scritta. Per questo non si può sempre stabilire la verità di quanto viene raccontato e in che misura l'ambiente e la formazione abbiano influenzato queste memorie.*

Lui è stato una carogna ma è stato anche bravo, ha salvato alcuni polacchi e inglesi. Quando papà è stato portato a Sarnano queste ebree sono andate lì a testimoniare che l'avevano salvate e difatti, poi, non ci fu nessuna esecuzione, mentre per altri sì. Mi ricordo di tutti questi polacchi, erano bei ragazzi, e papà gli faceva da mangiare, nonna gli prepara il pane. Uno di questi è tornato con un regalo di ringraziamento, dopo la guerra.

Quando hai lasciato le Marche per Roma?

Dopo sposata. Prima andavo sempre a Loreto e mi volevo far suora. Poi ho conosciuto mio marito, e papà mi disse: "Ma non ti volevi far suora", avevo già il corredo e tutto, ma il mio padre spirituale a Loreto mi rassicurò: "Anatolia, guarda, devi credere che la missione più grande è il matrimonio, se tu hai capito che è questo il ragazzo giusto." Era di Amandola ma viveva a Roma, era venuto con altri due ragazzi di Amandola a Sarnano, dove c'era una festa da ballo. Poi io in questo periodo sono andata a fare la parrucchiera a Macerata, da una mia cugina. Lei si era sposata con un fascista convinto, con la tessera, poi sono dovuti scappare in Argentina. Dopo sono tornata qui perché questi volevano chiudere il negozio, era lì vicino allo sferisterio.

Quanti anni hai vissuto a Roma?

A Roma cinquant'anni come parrucchiera, prima ancora (lavoravo a domicilio) facevo Grottazzolina, Servigliano, Belmonte e pagavano con lo zucchero, le uova, andavo in giro con la corriera. Dopo lavorai per un periodo a San Ginesio. Poi mi sono sposata con Tonino e sono andata a Roma. Avevo ventuno anni. Ho lavorato molto, ho fatto i capelli diverse volte a Renato Zero, era un mio amico. Dopo Tonino si è ammalato. Siamo tornati a San Ginesio e da lì a Porto sant'Elpidio con tutta la famiglia. Ero solo io che lavoravo, ho imparato a fare le scarpe.

Se tu potessi lasciare un messaggio ai giovani di oggi, cosa gli diresti?

Proprio oggi lo stavo dicendo a mia nipote a Roma che si lamentava degli insegnanti: "Tesoro di nonna, fatti rispiegare le cose che non capisci, è umiltà, ma no che stai sotto il banco con il telefonino". Noi non avevamo tutte queste cose che avete voi, c'era la guerra, e noi, grazie a papà che faceva il macellaio, non c'è mancato mai niente, anzi, io davo anche agli altri quello avevo. Rifarei tutto quello che ho fatto. Però abbiamo avuti momenti duri.

Anatolia, grazie.

Fine

MARIA FERRANTI
Penna San Giovanni
Classe 1938

Maria Ferranti, nata nel 1938 in una famiglia benestante nelle campagne di Penna San Giovanni poco distante da contrada Saline dove si ricavava il sale durante la guerra.

Presentati

Sono Ferranti Maria nata il 6 febbraio del 1938 a Penna san Giovanni, in contrada Montepolino. Vorrei fare una premessa, presentare la mia famiglia. Eravamo una famiglia molto numerosa, circa quindici o sedici, di tutte le età: i bisnonni, i nonni, gli zii, i fratelli degli zii ecc…

In questa moltitudine se arrivava una persona in più non ce se ne accorgeva, appunto anche questo prigioniero inglese * che è arrivato, per noi bambini, non ce ne siamo accorti, era una persona in più.

**La fuga dal campo di prigionia di Servigliano avvenne il 14 settembre del 1943. Il comando alleato inizialmente dette l'ordine di restare nei campi. Tuttavia l'imminente arrivo delle truppe tedesche, che avrebbe comportato la deportazione dei prigionieri nei campi in Germania, spinse il capitano medico John Derek Miller, prigioniero anch'esso, a prendere l'iniziativa. Si incontrò più volte con il colonnello Bacci, comandante del campo, chiedendo la liberazione dei prigionieri e assumendo su di sé tutte le responsabilità. Questo permise a circa duemila prigionieri di evadere e sfuggire alla cattura. Un ex-prigioniero J.K. Killby ha rilasciato un'intervista alla BBC Radio* (Intervista contenut in Giuseppe Millozzi, I prigionieri alleati nelle marche, op. cit., pag. 60) *il 4 settembre 2001 e ricorda così quel giorno: "A quel punto venne diramato un ordine (attraverso gli altoparlanti) e posso assicurare di non aver mai udito un ordine dato così chiaramente: 'Non sparate, lasciateli scappare!'. E scappammo tutti, in tutte le direzioni e da tutte le porte e cancelli, e le guardie italiane con noi".*

Nella mia infanzia mi ricordo la presenza di questo estraneo che poi divenne di famiglia, si chiamava Tom. Si comportava come un papà, mi portava magari in braccio al fiume, a raccogliere le viole, oppure le ginestre sopra il monte. Mi insegnava anche i numeri in inglese e facevamo le gare a chi li sapeva meglio, ovviamente vinceva lui.

Sei andata a scuola?

Io ho iniziato ad andare a scuola quando lui stava per andare via, avevo cinque anni. Infatti conservo ancora una sua lettera dove mi dice che anche io, adesso, potevo scrivergli un biglietto visto che stavo imparando a leggere e scrivere, seguito da tutte crocette che significavano tutti baci. Era un po' dura andare a scuola perché dovevo fare quattro chilometri a piedi. Ho fatto le medie a San Ginesio, in paese a Penna non c'erano, poi le superiori.

Nella tua famiglia anche le sorelle e i fratelli hanno potuto studiare?

Dunque nelle famiglie patriarcali, in generale, succedeva che o il fratello più grande o il più piccolo magari, chi aveva possibilità, come noi che stavamo abbastanza bene, poteva studiare mentre gli altri lavoravano. Per esempio a casa mia, c'era il fratello di mio padre, più grande, che fece l'istituto industriale a Fermo. Poi lavorò a Milano per la Pirelli ma rimase sempre in contatto con la famiglia. Noi eravamo proprietari terrieri con dei mezzadri che lavoravano per noi. Considerando poi la famiglia allargata c'era molta solidarietà tra di noi, gli zii, i cugini... Io ero figlia unica, perché papà era andato in guerra. Poi c'era zio Pietro che era a Milano ed era capitano, perché l'aveva chiamato l'esercito, non so. Quindi non ritornò a casa per un periodo, abbiamo solo le sue lettere. Invece l'altro fratello di nonno aveva sei figli. I penultimi due hanno studiato.

Come era vissuto il fascismo in famiglia?

Poco, più che altro ho sentito parlare di fascismo quando sono incominciate le nuove elezioni, ero grandina, c'era una propaganda elettorale quasi teatrale. Per noi bambini fu una grande festa quando incominciarono ad arrivare gli americani, perché ci regalavano le caramelle e le cingomme (gomme americane).

Gli anni di guerra?

Non so, non ricordo molto.

Torniamo di nuovo dal prigioniero, mi descrivi dalla fuga da Servigliano come è arrivato in casa vostra?

Dunque dalla fuga da Servigliano, quello che ho potuto apprendere, sono usciti in quattro, forse di notte, hanno trovato una casa vicino al fiume, di Splendiani, era un contadino. Però hanno visto che quella casa non era sicura e sono risaliti costeggiando il fiume, salendo sul crinale, e sono ridiscesi verso il fosso Battaglioni. Prima di arrivare al fosso c'è una casetta, un deposito attrezzi, e si sono rifugiati lì per qualche giorno. Ricordo che mamma e delle zie partirono con la canestra sulla testa per portare i viveri a questi quattro prigionieri. Non so per quanti giorni di preciso, poi me lo sono ritrovato lì a casa. Allora stavano uno da noi, uno dallo zio Francesco, un altro da Ferranti Luigi, e un altro da Tossici, era una casa vicino a noi. Questa era molto isolata e si nascosero per una notte anche lì nella stalla di questo Tossici, infatti in una lettera parla di una notte passata lì. Poi un altro stava da Brasili, una casetta sopra noi, poi andò via con la loro figlia, si erano fidanzati, era una bella ragazza. Però come testimonianza abbiamo solo le lettere di Tom.

Che ci puoi dire di tuo papà?

Di lui posso dire poco, perché da piccola non lo ricordo. Quando tornò il prigioniero era andato via già da un mese o due. Lui è stato internato in Germania dopo l'armistizio, nel settembre del 1943. Papà fu preso a Piacenza, era militare lì. Mi hanno raccontato che lui aveva preparato le valigie, sperando di tornare a casa, invece il giorno dopo lo hanno messo su un treno e portato in Germania, in un campo di concentramento. Poi li hanno smistati in delle case e lui ha vissuto con questa vedova, Olga, e l'ha trattato bene. Faceva i lavori forzati nei campi, raccontava che c'era sempre la neve.

Tornando ai prigionieri, perché li avete accolti?

Penso che sia stata una cosa talmente naturale in quel momento che non se lo sono chiesti nemmeno loro, è stata la gente ad offrirsi di aiutarli, chi poteva. Poi, magari improvvisamente, noi piccoli non ci chiedevamo come, ci trovavamo queste persone in casa. Ma erano benvenuti, ci trattavano bene, ci facevano divertire. Se poi, per esempio Tom, mancava per due giorni, noi non ci chiedevamo dove fosse andato, poi ricompariva. Era naturale anche quello.

C'erano magari i tedeschi o i fascisti, dall'altra sponda del fiume, e allora si nascondevano.*

**Durante il periodo dell'occupazione nazista, oltre all'ordine di uccidere chiunque ospitasse prigionieri alleati, i tedeschi tentarono delle manovre per indurre la popolazione a rivelare l'ubicazione di questi. In un avviso, rivolto ai cittadini, del comandante Stain della zona di Servigliano si legge: "Chiunque invece facilita o comunque ferma, arresta e consegna prigionieri di guerra o comunque fornisce informazioni utili per la immediata loro cattura sarà ricompensato con un premio in denaro da L.1000 a L. 10.000 secondo l'importanza delle informazioni fornite"* (A. Millozzi, op. cit., pag. 57)

Utilizzavano un pagliaio, c'era un nascondiglio in mezzo alla stalla, sotto il fieno. A noi sembrava un gioco, non ci sembrava una cosa importante, poi dire questi segreti ai bambini piccoli sarebbe stato un grande pericolo. Perché se fosse venuto qualcuno, con una scatola di caramelle, noi avremmo confessato. Noi non sapevamo niente, che quello era un prigioniero, rifugiato, era ricercato dai tedeschi... era una cosa naturale ma che ha portato bene. Se ci avessero detto state zitte, non lo dite, forse un bambino...

Ci sono stati momenti di paura, di tensione?

Paura no, cioè forse per gli adulti sì. Il gioco era la cosa più importante per noi, dalle lettere di Tommaso per esempio tuttavia si evince qualcosa.

Per esempio racconta di quando era uscito a raccogliere il fieno e c'erano i fascisti ed è dovuto scappare senza camicia. Oppure ha scritto: "Oggi è morto quel porco di Mussolini, io ci vorrei fare tutte salsicce".

Torniamo a te, hai fatto le magistrali?

Sì, a San Ginesio, e poco dopo ho iniziato a insegnare. Prima sono stata a Campanelle e poi a Pian di Pieca (due frazioni di San Ginesio). Prima ho insegnato per dieci anni nelle scuole elementari, con carica annuale, poi era nata la quarta figlia e sono rientrata con il concorso, Mi avrebbero assegnato un posto fisso a Civitanova ma con la bambina piccola sarebbe stata una cosa impossibile. Allora ho fatto domanda per andare alla scuola materna e sono andata lì. Mi sono sposata il 18 aprile 1960. Ho avuto quattro figli: Federica, Massimo, Simona e Maura, che purtroppo non c'è più.

Che ricordi hai del dopo guerra, della ricostruzione in Italia?

Nel dopoguerra si cominciava a star bene. Nel periodo della guerra si viveva comunque bene. Sai che facevano i contadini per sopravvivere? Ammazzavano un vitello e se lo spartivano fra tre o quattro case, quindi non ci mancava assolutamente niente. Poi facevamo i pozzi di acqua salata e si vendeva il sale al mercato nero, specie in città dove scarseggiava e lo pagavano parecchio. Non ci è mancato mai niente, invece penso che in paese o in città abbiano sofferto di più. Poi si è cominciato a pensare a come crescere anche come stato sociale.

Abbiamo comprato i primi mezzi, una lambretta, poi la vespa, poi un camioncino. Lo si usava o per andare ai sepolcri o alla festa di Penna san Giovanni oppure per Pasqua, per andare a prendere lo zio Pietro alla stazione di Falerone, con quel famoso trenino.

Nell'arco del Novecento cosa è cambiato nella condizione femminile, se tu paragoni te stessa a tua madre?

Tanto, è cambiato tanto, ma dal '60 in poi. Prima erano poche le donne che si permettevano ad esempio di andare in giro da sole oppure di stare con il fidanzato in macchina. Anche io mi meravigliavo quando vedevo questi episodi. Man mano è stato sempre un crescendo di questi comportamenti.

Se tu oggi volessi consegnare ai tuoi nipoti un messaggio, che cosa diresti?

Direi ai miei nipoti non di vivere la vita che abbiamo vissuto noi ma una via di mezzo, perché così potrebbero trovare la felicità. Adesso non manca assolutamente niente. Noi avevamo più restrizioni, io abitavo a quattro chilometri dal paese e ci andavo una o due volte al mese. Però non ne sentivo la mancanza mentre adesso i miei nipoti mi dicono: "Ma nonna stavi a Montepolino non ti annoiavi?" No, ma nemmeno me ne accorgevo. Eravamo contenti così, non desideravamo nient'altro.

Ai tuoi studenti che messaggio daresti loro per completare il discorso, di vivere in modo più semplice?

Sì, ma è un messaggio che non è più possibile, non calza più, lo vedo anche con i nipoti, hanno amici che si comportano in un certo modo. Non ha più senso, ormai è così. Io li vedo anche molto bravi, intelligenti, studiosi ma capaci di rivivere anche una parte di questo passato non lo credo possibile. Poi ogni tanto confronto anche la mia vita con la loro, io da piccola alle elementari riuscivo a fare quattro chilometri a piedi da sola, adesso questi non ci riuscirebbero più.

Una tua conclusione all'intervista?

Bisogna accompagnare molto i giovani, dare loro più stimoli possibili, aiutarli nella crescita.

Fine

MARGHERITA CORTELLUCCI

Smerillo

Classe 1938

Margherita Cortellucci nata nel 1938 in una famiglia di proprietari terrieri di contrada Durano di Smerillo.

Ti vuoi presentare, per piacere?

Margherita Cortellucci nata a Smerillo il 28 maggio 1938.

Puoi descrivere la tua infanzia?

La mia infanzia è stata allegra, eravamo cinque figli. Eravamo una famiglia unita, nelle feste di Natale, Pasqua era tutta un'allegria. Mi ricordo babbo che faceva l'agnello allo spiedo e noi ci mettevamo tutti vicini al fuoco e stavamo lì; perché uscire non si usciva, non c'era neanche la strada prima a Durano (contrada nella campagna di Smerillo), le macchine non c'erano. Stavamo sempre a casa.

La tua famiglia era di contadini mezzadri o padroni?

Eravamo padroni, avevamo cinque contadini che lavoravano per noi. Nel casolare c'erano le stanze dove dormivano gli operai che aiutavano, facevano la legna, mietevano il grano...

Sei andata a scuola?

Sì, a Smerillo, andavo a piedi fino al paese. Poi alle Cese (frazione di Montefalcone) per la quarta e la quinta. Dopo sono andata in collegio a Macerata. Lì facevamo il ricamo, avevamo anche scuola, però più che altro lavoravamo. Questo per quattro anni.

Lì avevamo il turno di cucina, facevamo il pane, lavavamo i panni. Il convitto stava proprio sopra le mura di Macerata, con le suore Giuseppine, ci sono stata dai 13 ai 18 anni. Ho imparato il mestiere del ricamo.

Poi nella vita che lavoro hai svolto?

Prima a casa lavoravo con il ricamo e accudivo i bambini di mio fratello Vincenzo. Mi davano da fare. Poi avevamo sempre degli operai a casa che ci aiutavano. Dopo i contadini sono andati via, quindi la terra la lavoravamo noi. Comprammo un trattore, era a petrolio, proprio uno dei primi modelli.

A che età ti sei sposata?

A trent'anni. Dopo il collegio sono tornata a casa e dopo sposata sono venuta in quest'altra casa, ma ne eravamo tanti. C'erano gli zii, mia madre, una sorella non sposata, un cognato e mia cognata. Per un periodo abbiamo vissuto qui in dodici.

Che ricordi hai della guerra?

Della guerra ho il ricordo che a casa c'erano i prigionieri. Erano nascosti nella grotta,[2] ne erano parecchi e tutti americani. Invece, sempre qui vicino, c'erano i partigiani nascosti. Mi ricordo che uno si chiamava Enzo, di Pavia, un altro di Milano. Questo Enzo era un bravo ragazzo, invece quelli di Milano erano pericolosi. Non erano fatti bene, difatti erano

---

[2] Pasquale Ricci, nell'opera *9 settembre1943 Lo sbando e* la fuga, opera citata, racconta anche lui dell'occultamento di questi prigionieri evasi nelle grotte di Smerillo.

arrabbiati perché noi tenevamo i prigionieri, però questi erano arrivati prima di loro. Dopo c'era la contadina che gli portava da mangiare. Arrivava fino a sotto il bosco e loro scendevano a prendere la canestra. Babbo, poi, ammazzava i vitelli, gli agnelli, i maiali. Poi c'erano anche gli sfollati, * una famiglia di Fermo, un signore sempre di Fermo.

**Durante la guerra, specie nel periodo d'occupazione nazista, numerose famiglie cercarono un rifugio temporaneo nelle zone rurali, come a Penna San Giovanni. Queste persone provenivano principalmente dalla città, da cui scappavano sia per l'intensificarsi dei bombardamenti, che colpivano soprattutto le aree più urbanizzate, sia per sfuggire ai rastrellamenti, come alcune famiglie ebree sfollate, sia per reperire più facilmente cibo e altre risorse per il sostentamento che in città scarseggiavano.*

Poi c'erano i parenti di Roma, che erano venuti giù e stavano a casa nostra. Quindi tanta gente che bisognava sfamare. Poi un giorno sono passati i tedeschi.

Prima di andare avanti, questi americani li hai visti mai?

Sì, erano tutti ragazzi. Uno lo chiamavano Maccarò (da maccheroni) perché mangiava tanta pasta, ma tanta. Era il più allegro e simpatico. Pensa che i figli sono venuti a vedere dove il padre stava nascosto. Poi anche un'altra famiglia è tornata, un fratello e una sorella, anche il padre era stato prigioniero al campo di Servigliano e si era rifugiato qui.

Quanti saranno stati all'incirca questi prigionieri?

Circa sei o sette, sulla grotta. Li sfamavamo solo noi e anche i partigiani, ne erano quattro. Ma erano gelosi dei prigionieri, non volevano che gli dessimo da mangiare perché erano americani. Ma uno, più che altro, il milanese. Un giorno poi venne con la bomba a mano dicendo: "Vi ammazzo a tutti", perché erano passati i tedeschi e gli avevamo dato da mangiare. Ma poi questi tedeschi furono pure gentili ed educati, sono passati, non hanno detto niente, soltanto che avevano fame. Mamma, mi ricordo, gli fece una frittata con le salsicce. Poi babbo gli preparò del salato, ma avevano proprio fame. Ne erano quattro. Hanno bevuto e hanno chiesto a babbo di accompagnarli a fare un giro per vedere le case, forse per controllare. Allora li ha portati al magazzino, alle cantine... Quando ha aperto il magazzino c'erano le lonze e tutti i salami appesi, si sono fatti una risata e uno che parlava italiano gli disse: “Bravo, Bravo”. Poi sono tornati qui a casa, hanno ringraziato e hanno chiesto di essere accompagnati a Smerillo. Due contadini li accompagnarono fino al paese aiutandoli a trasportare gli zaini. *

**Come abbiamo detto nascondere e aiutare i prigionieri era un atto pericolosissimo, punibile anche con la morte. Tuttavia, dopo la fine della guerra, non mancarono atti di riconoscimento verso coloro che avevano accolto questi evasi. In un avviso di quegli anni si legge: "Tutti coloro che hanno assistito Prigionieri di Guerra o militari Alleati fornendo loro cibo, alloggio, vestiario o soccorrendoli in ogni altra forma, sono pregati di rivolgersi immediatamente al proprio Sindaco del quale avranno importanti informazioni in merito alle ricompense loro aspettanti"* (A. Millozzi, op. cit., pag. 173) *Quindi sebbene queste azioni nacquero in modo spontaneo e disinteressato, alcuni dei protagonisti hanno potuto poi godere della giusta riconoscenza.*

Non videro nessuno dei nascosti

No, no, erano tutti nascosti, perché avevamo dato l'allarme. Un prigioniero era arrivato lì vicino per prendere la canestra, vicino casa. Poi il contadino lo ha avvisato, anche i partigiani spariti. Facevano tanto gli sverdi (gli spavaldi), poi lì per lì ebbero paura. I tedeschi non presero niente. Questo è successo verso la primavera del '44, si perché erano pronte le salsicce, marzo o aprile. Avevo sei anni.

Invece, gli sfollati, tra parenti e conoscenti, quanti ne saranno stati?

C'era una famiglia di Fermo che ne erano tre, un altro signore con due figli e quelli di Roma. Mio nonno aveva una sorella a Roma, quindi eravamo cugini e se la passavano male. Era zia, i figli, la nuora... poi quando tornavano su si portavano la farina, il salato, perché non c'era niente. Babbo era generoso, anche se eravamo in tanti condivideva il cibo con tutti.

Parlami del matrimonio

Mi sono sposata con Umberto Tossici e vivo ancora con lui. Abbiamo avuto due figli Vincenzo e Alessandro.

Il dopoguerra come è stato?

I prigionieri sono andati via appena finita la guerra, era l'estate del '44. Ci hanno salutato e ringraziato tanto e babbo si era commosso. Oramai loro erano di famiglia, venivano anche a casa, come degli amici. Poi anche gli sfollati ripartirono in quel periodo. I partigiani andarono via ancora prima dei prigionieri. Soltanto quello di Pavia ci scrisse qualche tempo dopo. Quando mi sono sposata c'era ancora mia madre e mio fratello con i figli. Poi loro si sono costruiti una casa vicino a Smerillo e lì non ci abita più nessuno.

Di queste persone, che abitavano in quella contrada, chi è ancora vivente?

C'è mio fratello, ormai è vecchio e con la testa...

Mi hai parlato di tuo padre ma non ti tua madre

Beh, lei era quella che faceva tutto, cucinava per loro, organizzava... Mio padre poi l'aiutava. Stava qui, non in guerra, perché fece quella del '15-'18. Non l'hanno richiamato anche perché aveva subito una ferita al braccio. Poi c'erano anche due ragazzi, due fratelli, che avevano perso la madre, di Piane di Falerone, e la loro nonna chiese a babbo se li poteva tenere perché lei non sarebbe riuscita a mantenerli.

Anche lei stava lì con noi e ci aiutava. Tant'è vero che uno è andato via solo quando si è sposato, come uno di famiglia, un fratello per noi, è stato con noi da bambino fino ad adulto. Loro davano una mano, erano un po' più grandi di me.

Se paragoni te stessa a tua madre, nella condizione della donna, che cosa è cambiato in questi anni fino ad oggi?

Penso che sia cambiata la mentalità della donna, adesso la donna vuole essere più libera, mentre prima non era così. Vedevo mamma con babbo che decidevano insieme le cose da fare. Prima non era semplice la vita, oltre al lavoro bisognava portare da mangiare ai prigionieri... quelle di adesso non lo farebbero.

Tu hai due nipoti, che messaggio vorresti lasciare loro?

Vorrei dire alla femmina, che dovrà sopportare il marito, se si sposa. No come fanno adesso che si sposano e si lasciano, si deve essere sempre in due. Penso che prima il matrimonio era più facile. Anche io con mio marito, eravamo in tanti, erano tutti anziani, eppure ci siamo adattati bene, cercando di accontentare un po' uno e un po' l'altro. Al maschio, povera me, gli direi di essere come il padre, prendere il suo esempio. Alessandro, mio figlio, non mi ha dato mai un pensiero, mentre quell'altro, con il cugino... usciva e tornava la mattina.

Fine

Conclusione

Quest'opera è nata innanzitutto con la volontà di proseguire il percorso di ricerca storica che è iniziato da qualche anno nel nostro territorio. Questi progetti hanno trovato realizzazione concreta grazie all'impegno di alcune associazioni di carattere storico-culturale come la Casa della Memoria. Questa è nata a Servigliano con l'obbiettivo di perpetrare il ricordo del CPG-59, ovvero il campo di prigionia di Servigliano. Attraverso l'impegno di molti, la ricerca documentaria e la testimonianza di numerose persone è stato possibile far luce su alcuni importanti eventi del nostro recente passato che altrimenti sarebbe stati per sempre dimenticati. Queste ricerche non assumono un'importanza solamente storico-documentaria ma servono e serviranno all'educazione delle nuove generazioni. Non possiamo permettere che questi fatti, eventi e azioni vengano dimenticati proprio perché sono essi stessi che hanno determinato il nostro presente e determineranno il nostro futuro. Grazie alla conoscenza della storia, alla comprensione di quanto accaduto è possibile educare i giovani ai principi di pace, di democrazia e solidarietà. Attraverso la consapevolezza delle difficoltà e delle ingiustizie vissute dai nostri antenati possiamo meglio apprezzare ciò che abbiamo noi oggi ed evitare che errori simili possano ricapitare.

Intento primario di quest'opera è stato quello di narrare un periodo di storia italiana, dagli anni '20 in poi. Come già affermato nella premessa, si è scelto di prendere in considerazione il punto di vista delle persone normali, ovvero di tutti coloro che hanno subìto le conseguenze dei grandi avvenimenti, dettati dalle decisioni di coloro che hanno detenuto il potere. A questo punto si è operato un ulteriore restringimento scegliendo come protagoniste le donne. Dalla lettura delle interviste emerge con chiarezza una visione privilegiata della storia, proprio perché ci fornisce uno spaccato nuovo, non tradizionale. Dare più centralità a questa figura ha determinato un focus su alcuni aspetti generalmente meno rappresentati nei libri di storia, lasciando invece ad altri, come la guerra e la politica, un ruolo più marginale. Gli argomenti trattati, tuttavia, non devono ritenersi meno importanti. Infatti queste storie ci presentano la realtà che vivevano le donne comuni dove i grandi avvenimenti rappresentano lo sfondo in cui si muovono queste figure. Allo stesso tempo si mette in luce da un lato come ogni singola vicenda si sia intrecciata alla grande storia collettiva della nazione, dall'altro lato si restituisce al lettore un quadro della vita sociale, familiare e delle imprese che altrimenti sarebbero rimaste anonime.

Interessante è notare come ci siano dei fili conduttori che uniscono queste vicende. Molte di queste donne narrano della loro infanzia durante il regime fascista. Questo ha permesso di approfondire alcuni aspetti della società del tempo: il ruolo della donna, la famiglia, la scuola, il regime. Nella descrizione del periodo di guerra è stato possibile far emergere un diverso punto di vista lasciando la trattazione delle campagne belliche, delle battaglie e la storia dei fronti per concentrarsi su come veniva vissuta da coloro che non erano partiti, specialmente donne e bambini. Da questo periodo emergono numerosi racconti di vita durante la guerra, episodi di violenza, come l'uccisione dei coniugi Viozzi, di resistenza civile, di gioia, come in seguito alla liberazione. Tuttavia ogni vissuto presenta punti di vista differenti che dimostrano come, sebbene i grandi avvenimenti siano stati gli stessi, la loro percezione sia stata differente e capace di portare alla luce sfumature nuove. Questo diventa un nodo fondamentale per capire questa trattazione e la diversa visione di storia proposta.

Tra le differenze poste in rilievo ci sono anche quelle geografiche: i grandi eventi della storia possono avere ripercussioni diverse nelle diverse località. Per questo si è trattato, ad esempio, di Servigliano e del periodo del campo di prigionia durante la seconda mondiale. Invece alcune storie di Monte san Martino si sono concentrate maggiormente sul periodo della resistenza, quando queste donne sono state testimoni di numerosi episodi di violenza nella lotta tra partigiani e fascisti. Invece a Santa Vittoria abbiamo trovato aneddoti sul fascismo e l'occupazione nazista, come il fortuito salvataggio di una bambina ebrea. Garulla, frazione montana di Amandola, invece, si è presentata ricca di riferimenti alla civiltà contadina e alle difficoltà del periodo della guerra. A Penna San Giovanni la nostra storia si è concentrata sul salvataggio di un soldato americano in fuga dal campo di Servigliano. Infine Smerillo, che ha dato ospitalità a numerosi prigionieri evasi nascondendoli dai rastrellamenti.

Un'altra differenza che emerge è lo status sociale e il benessere economico di queste donne. Infatti alcune di queste narrazioni dimostrano come nascere in una famiglia piuttosto che in un'altra abbia avuto delle conseguenze nelle loro vite. Infatti alcune di loro sono nate mezzadre, ovvero all'interno di una famiglia spesso numerosa di contadini che lavoravano il terreno del padrone. Altre invece sono nate con più privilegi, per esempio proprietarie terriere o più autonome rispetto alla maggior parte della popolazione. La classe sociale di appartenenza ha determinato, alcune volte, una diversa visione dei fatti o ha portato alcune donne a compiere delle scelte obbligate, influenzando il corso della loro vita. Ad esempio un maggior benessere economico ha determinato per alcune di loro la possibilità di studiare, di partecipare più attivamente al regime o di non soffrire la fame durante la guerra. Diversamente altre storie mostrano la dura vita dei campi, un maggiore distacco rispetto ai grandi avvenimenti del tempo ma, al tempo stesso, un rapporto stretto con la cultura popolare e la tradizione, la furbizia e la bontà di questo strato sociale più debole.

Come già premesso, quest'opera ha tentato di farci riscoprire le nostre origini attraverso il racconto di donne che potrebbero essere nostre madri o nonne. Entrare, seppur brevemente, all'interno delle loro vite, addentrarsi nei loro ricordi, è stato un modo per capire più da vicino come realmente si è vissuto in alcuni periodi del nostro recente passato e riflettere su ciò che è stato.

Questo credo sia l'intento primario e più importante che quest'opera ha tentato di raggiungere. Inoltre adottare un punto di vista esclusivamente femminile, cosa alquanto rara nei libri di storia, ha permesso di far emergere alcuni aspetti poco conosciuti della vita di quegli anni e di presentare al lettore uno scenario più completo della nostra storia.

Il mondo dei contadini

Uno dei protagonisti silenti della storia del Novecento è stato senza dubbio il mondo contadino. Queste persone non hanno mai avuto un ruolo centrale all'interno della società anzi, numerose volte, sono stati coloro che più di tutti hanno subìto le conseguenze delle azioni degli uomini di potere. Infatti questa classe sociale è stata particolarmente danneggiata durante la guerra poiché molti giovani uomini furono costretti a partire, lasciando i lavori più pesanti agli anziani o alle donne. Molti di loro morirono lasciando quindi la famiglia priva di buone braccia per l'agricoltura. Altri tornarono solo dopo anni, spesso devastati e scossi da quanto avevano visto e compiuto lontano da casa. Ma proprio da queste difficoltà, specie nel momento in cui lo stato crollava su sé stesso, dopo l'armistizio del 1943, la civiltà contadina (e in particolare la donna) è riuscita in un'impresa straordinaria. Infatti non solo si è dimostrata la spina dorsale di un paese in rovina ma è stata anche capace di risollevare le sorti e l'onore di un'Italia atterrata.

Dal mondo contadino, specie in seguito all'Armistizio, sono partite alcune delle azioni più importanti, per valore umano e strategico, di resistenza all'occupazione e nel sostegno concreto agli Alleati. In questo libro non mi sono fermato molto nella trattazione della resistenza armata partigiana, sebbene questa sia una tappa fondamentale della storia italiana, ma mi sono focalizzato più sulla resilienza, come quella vissuta dalle nostre intervistate. La resilienza, quella virtù degli umili che permette di adattarsi ai soprusi, una scelta che porta a ricambiare il male ricevuto con il bene.

Queste azioni furono, come abbiamo visto, importanti ed estremamente pericolose. Infatti è stata proprio la realtà contadina ad aver dato rifugio a numerosi soldati alleati in fuga dai campi di prigionia, a nascondere degli ebrei durante i rastrellamenti, a contrastare il regime e i nazisti con il mercato nero e l'occultamento di risorse per la sopravvivenza. Queste famiglie, spesso private di figli e mariti, con poco da mangiare, hanno più volte rischiato la loro vita per aiutare coloro che erano oppressi, ricercati, coloro che fino a poco tempo prima erano considerati nemici. Questo credo sia uno dei fatti più straordinari della nostra storia.

Ma come era realmente il mondo contadino in quegli anni? Oltre alle informazioni desumibili dal testo, vorrei riportare uno stralcio del libro di Pasquale Ricci dove si descrive brevemente le condizioni di vita di questa parte della popolazione nella zona degli Appennini: "Le abitazioni sono prive di acqua e senza servizi igienici, gli scantinati ed i piani terra delle abitazioni fungono da ricovero degli animali, da letamaio e latrina. Solo in pochi possiedono un paio di mucche, ma tutti hanno un piccolo gregge di pecore, il maiale e gli animali da cortile"[3]. Quindi, come è facile intuire, la condizione in cui vivevano queste persone non era semplice. Il fatto sorprendente è che proprio loro furono i primi

---

[3] Pasquale Ricci, *Lo sbando e la fuga, op. cit.*, pag. 21

ad ospitare, accogliere e sfamare i prigionieri Alleati. Come sappiamo, in seguito ai fatti del settembre '43, solo da Servigliano, fuggirono circa 2000 prigionieri che si riversarono nelle campagne circostanti. Episodi simili accaddero anche in altre zone che sorgevano vicino ai campi di prigionia. Molti evasi trovarono rifugio presso le famiglie del luogo creando un rapporto di alleanza che ha prevaricato i dettami imposti dalla legge di quel periodo. Italiani, inglesi, americani si trovarono a collaborare insieme fino a creare, come abbiamo visto, un rapporto quasi familiare. Di queste azioni fortunatamente abbiamo anche delle testimonianze, come i diari che i prigionieri tenevano o racconti di chi ha vissuto in quel periodo.

Un contadino di Penna san Giovanni, membro di una famiglia di circa trenta persone, ricorda in questo modo quel particolare avvenimento: "I prigionieri di guerra alleati usciti dal vicino campo di concentramento di Servigliano si riversarono sulle nostre colline. Malgrado la nostra povertà non mancavamo di aiutare e nascondere questi poveri, poco più che ragazzi, in paese straniero, con lingua diversa benché nemici di poco tempo prima. Li nascondevamo nei pagliai o nella macchia, portavamo loro da mangiare e fu diviso con loro… il pane che non c'era"[4].

Alcuni, forse, si potrebbero chiedere come mai queste persone decisero di aiutarli rischiando la loro vita. A questo quesito hanno tentato di rispondere

---

[4] A. Millozzi, Ricordi di guerra, op. cit., pag. 204.

alcuni storici, anche importanti, elaborando diverse valide teorie che tralascerò poiché non rientrano nello scopo dello scritto. Invece vorrei riflettere su cosa ci hanno risposto le intervistate, ovvero quelle stesse donne che hanno assistito i prigionieri. Infatti, grazie anche alla bravura del nostro intervistatore, è stato possibile raccogliere alcune interessanti dichiarazioni che forse, meglio di qualsiasi teoria, possono rispondere a questa domanda. Ve ne riporto brevemente alcune:

"Perché l'hanno aiutati non lo so, a qualcuno, forse, che aveva i figli sotto le armi, potevano tornagli utili." (Intervista a Maria Micheli)

"Perché avevano buon cuore, aiutavano quella povera gente. Loro lo capivano che significava soffrire." (Intervista a Bruni Maria)

"Per far del bene, fossero stati figli nostri." (Intervista a Guglielmi Quinta)

"Io penso che si schierassero automaticamente con chi aveva subìto, è una cosa normale per chi vive in campagna, chi ha visto la sofferenza. Non erano ricchi, il benessere consisteva nel mettere qualcosa nel piatto. Quindi per una persona nel bisogno, a prescindere dalla religione, aiutare chi aveva bisogno, era anche un modo per mettersi nei panni dell'altro. Pensavano che se fosse capitato ad un loro figlio avrebbero voluto che fosse aiutato nello stesso modo. Non era solo precetto evangelico ma anche quotidianità." (Intervista a Elide Guglielmi)

“Questo non lo so, forse per compassione, per aiutarli.” (Intervista a Pia Tuzi)

"Dicevano che ormai questi bisogna aiutarli, si chiedevano che cosa avrebbero fatto se i loro figli si sarebbero trovati nella stessa condizione, in un'altra parte del mondo, per questo eravamo contenti di aiutarli.” (Intervista a Tuzi Elvira)

“Penso che sia stata una cosa talmente naturale in quel momento che non se lo sono chiesti nemmeno loro, è stata la gente ad offrirsi di aiutarli, chi poteva.” (Intervista a Ferranti Maria)

Credo che, sebbene in maniera sintetica, queste donne abbiano espresso i veri motivi che hanno portato una delle classi sociali più basse ad accogliere e assistere i prigionieri in fuga. Da ciò che si legge si intuisce di come i fuggiaschi si siano rivelati utili con l’instaurazione di un rapporto di reciproco aiuto: cibo in cambio di assistenza nel lavoro dei campi. Un altro motivo è invece meno materialista e più improntato alla gratuità. I prigionieri sono stati accolti perché il mondo contadino è quello che maggiormente conosceva la sofferenza e la fame. Questo ha portato i contadini ad un processo di immedesimazione.

Qualcosa di simile è avvenuto anche per le famiglie che avevano figli in guerra. Nel momento in cui questi giovani, raminghi in terra straniera, non vennero più visti come nemici, aiutarli era come fare del bene ai propri cari partiti per il fronte.

Questi salvataggi hanno dimostrato il grande coraggio di una parte di popolazione che finora era stata lasciata ai margini. I contadini sono stati capaci di andare contro leggi ingiuste e di rischiare la propria vita per condividere il poco che avevano per la sopravvivenza di tutti. Infatti, pur non essendo mossi da nessun obbligo ma semplicemente dal buon cuore, scegliendo di compiere una buona azione disubbidendo all'autorità, hanno compiuto uno degli atti migliori e degni di essere ricordati della Seconda Guerra Mondiale. Un apprezzamento non solo implicito, ma resosi poi concreto nel dopoguerra, in cui molti di loro hanno ottenuto la giusta riconoscenza per l'impresa compiuta.

Di recente ho potuto leggere una riflessione di Filippo Ieranò, quando era presidente della Casa della Memoria nel 2003, dove ha affrontato questa problematica. Lui individua due aspetti, uno politico e uno culturale, per spiegare l'atteggiamento coraggioso dei contadini. Del primo credo che basti riportare uno stralcio che riassume un concetto importante: "perché è lì il punto fondamentale, nel considerare anche la solidarietà umana una scelta politica in opposizione all'ideologia nazifascista, perché il popolo si è liberato dal fascismo prima del 25 aprile 1945"[5].

Il secondo aspetto, invece, riguarda la capacità di accogliere il diverso, superando i pregiudizi ma soprattutto le idee inculcate in seno alla propaganda del regime. Concordo nel ritenere questo un aspetto

---

[5] A. Millozzi, *Ricordi di guerra, op. cit.,* pag., 227.

fondamentale che ha permesso di accogliere il nemico all'interno delle nostre case e permettere di ritrovare una dignità che si era perduta da tempo.

La figura della donna

Le figure femminili sono state le protagoniste della nostra trattazione. Nell'introduzione ho presentato una breve esposizione sulla loro condizione nei tre grandi periodi che abbiamo affrontato.

Questi dati storici ci hanno aiutato nella comprensione di alcune dinamiche all'interno del testo. Tuttavia vorrei concentrare l'attenzione su un altro elemento. Lungo il corso delle interviste è stato chiesto più volte, alle interlocutrici, di fare una considerazione sulla condizione della donna. Questo ha permesso di capire in modo più chiaro e, credo, più veritiero la reale condizione femminile nel Novecento. Logicamente questo è un punto di vista soggettivo, ovvero che ci fa capire al di fuori di parametri oggettivi, come realmente loro si percepivano nella società del tempo. Con parametri oggettivi intendo le varie conquiste sociali, politiche, lavorative che la donna ha ottenuto nel corso della storia. Quindi il nostro scopo sarà quello di riflettere su come queste figure si percepivano nel mondo di allora e capire l'evoluzione che hanno compiuto grazie al confronto con le generazioni passate (le madri o le nonne) e future (figlie e nipoti). Come punto di partenza riporto alcune delle risposte date dalle nostre intervistate.

"Quando mancarono gli uomini, le donne capaci si misero sotto. Io ce l'ho questa grinta, ho una grinta! Non ebbi paura. Non so perché io non ho avuto paura. Adesso non riesco a parlare schietto, perché, francamente durante la guerra, le donne che avevano un uomo in casa erano limitate. Se invece erano come me, era ben diverso visto che dovevo pensare alla famiglia, a quello che capitava, in più a mio suocero e ai bambini che avevano paura più di me". (Maria Giannini)

Rispetto all'uomo, eravate molto messe da parte?

Sì, messe da parte, addirittura nella chiesa di Garulla c'era un soppalco in cui ci potevano andare solo gli uomini. (Maria Giannini)

Tu come la vivevi?

L'accettavamo tutti, era così. (Maria Bruni)

Se paragoni te stessa a tua madre che cosa è cambiato nell'emancipazione della donna?

Adesso i ragazzi si farebbero una risata, la libertà è intesa come faccio quello che mi viene in mente. Penso che molto abbia inciso anche il fatto che la religione sia meno pressante, meno vincolante come precetto di comportamento. Alcune forme erano troppo di controllo, adesso anche con le mie figlie la libertà è assoluta, forse qualche freno in più magari servirebbe.... (Elide Guglielmi)

Da queste affermazioni possiamo capire alcune caratteristiche del mondo femminile nel Novecento. Nel primo pezzo di intervista possiamo notare un fatto molto importante. La donna durante la Seconda Guerra Mondiale, specie in assenza di un uomo in casa, dovette assumere su di sé il peso della famiglia. Questo è uno dei momenti, secondo me, più importanti perché in quel frangente così difficile la donna si è dovuta emancipare. Per ottenere il riconoscimento dei diritti civili e politici, bisognerà aspettare il dopoguerra, quando alcune donne, soprattutto madri, si sono dovute rendere indipendenti economicamente e socialmente. In questo modo la figura femminile, durante il conflitto, si è posta alla testa di una società ormai allo sbando, riabilitando la sua centralità all'interno e alla guida di essa. Donne come Maria Giannini si sono trovate tutt'un tratto sole, con un'attività da mandare avanti, una famiglia da accudire e una situazione sociale, gli anni della guerra e della resistenza civile, difficili da gestire. Questo ha permesso non solo di trovare il coraggio di "camminare da sola" ma di compiere alcune scelte e di intervenire liberamente nella società, come ad esempio incentivando il mercato nero.

Tuttavia ci troviamo ancora lontani da una situazione di vera emancipazione. Infatti, come ci ricordano Bruni Maria ed Elide Guglielmi, specie nelle zone rurali, dove la cultura tradizionale deteneva, e mantiene tutt'ora, un ruolo predominante, la figura femminile appare ancora molto sacrificata, specie in relazione all'uomo. Questa condizione era un retaggio della cultura fine ottocentesca impostata su una società patriarcale. A questo si deve aggiungere l'influenza della religione e della Chiesa. Questa svolgeva un compito fondamentale nell'educazione e nella divulgazione di alcuni valori, come la famiglia e il rispetto. Tuttavia anch'essa riproponeva una marcata divisione fra i due sessi che andava contro una possibile emancipazione della donna. Non a caso con l'evolversi della situazione, specie dagli anni Sessanta in poi, furono loro stesse a notare una maggiore apertura e una maggiore libertà delle giovani generazioni proprio in virtù di un atteggiamento meno vincolante della religione.

Fu proprio in seno a questi cambiamenti che la società ha iniziato ad assumere i caratteri della realtà contemporanea, dove l'emancipazione femminile si sta progressivamente realizzando. Anche le nostre intervistate hanno potuto assistere a questi mutamenti che hanno commentato in questo modo:

Nell'arco della tua vita, secondo te, come si è emancipata la figura della donna?

Che devo dire, lo sappiamo tutti. C'è stata più libertà, più studio, una vita migliore. Per esempio adesso le donne guidano, prima no. Già se andavano in bicicletta erano criticate. Anche avere un lavoro, essere autonome economicamente, farsi la sua macchina. (Pia Tuzi)

Se paragoni te stessa a tua madre, come era la sua vita e come era la tua, cosa è cambiato?

Da così a così, prima non c'erano libertà, non si poteva uscire, adesso è tutto diverso, è cambiato tutto. Era troppo rigido. (Quinta Guglielmi)

Nell'arco del Novecento cosa è cambiato nella condizione femminile, se tu paragoni te stessa a tua madre?

Tanto, è cambiato tanto, ma dal '60 in poi. Prima erano poche le donne che si permettevano ad esempio di andare in giro da sole, oppure di stare con il fidanzato in macchina. Anche io mi meravigliavo quando vedevo questi episodi. Man mano è stato sempre un crescendo di questi comportamenti. (Maria Ferranti)

Come possiamo notare questi cambiamenti erano stati percepiti in modo considerevole. Le stesse donne si sono rese conto degli enormi passi in avanti che si stavano facendo. Tuttavia un particolare mi ha fatto riflettere. Tra i fattori che hanno permesso a queste figure di raggiungere una maggiore emancipazione hanno un ruolo secondario quelli di carattere socio-politico. Una delle parole più usate è stata libertà ma raramente in relazione alle attività pubbliche. Diversamente la sfera privata e tutto ciò che riguarda l'autonomia della persona hanno avuto un ruolo centrale nelle loro risposte. Tutte quelle conquiste che hanno avuto delle ripercussioni sulla quotidianità sono state viste e vissute come reali cambiamenti per una vita migliore. Per questo adesso ci troviamo a parlare non tanto di diritto al voto, di parità sul lavoro, dell'aborto, sebbene siano questioni importanti. Ma ciò che di primo impatto ha cambiato la vita di queste donne è stata la possibilità di guidare, di uscire liberamente e scegliere la propria compagnia, di essere autonome economicamente, di stare con il fidanzato in macchina.

Questo punto ci dovrebbe far riflettere sul fatto che non dobbiamo parlare di emancipazione della donna solo in relazione alle varie leggi, ai vari diritti concessi nel corso degli anni, ma anche parlando del rinnovamento culturale, del superamento, in parte avvenuto e in parte no, di quegli stereotipi di comportamento, di quelle norme non scritte a cui la donna doveva sottostare. Come, infatti, spiegano le nostre stesse intervistate, sono le cose semplici che hanno migliorato, più di tutte le altre, la loro vita.

Tuttavia questi cambiamenti hanno portato, in alcuni casi, ad una riconsiderazione diametralmente opposta della donna. Alle conquiste civili, sociali, politiche, al cambiamento della concezione della donna e del suo comportamento sono seguite delle conseguenze imprevedibili. Di fatti nella società contemporanea il dibattito sull'emancipazione femminile è stato portato avanti sia con risultati positivi, sia negativi. Ne riporto alcuni esempi:

Io vedo la donna di adesso non più pari all'uomo ma un po' più in alto. Prima il capo era l'uomo poi, lentamente, nel corso degli anni il suo controllo è diminuito. Io, se devo essere sincera, l'uomo non lo vedo più a capo della famiglia. Nessuno dei due può considerarsi capo, ci vorrebbe una bella riflessione su questo argomento. La donna è passata avanti. Io vedo l'uomo più ubbidiente, la donna, invece, decide, ordina e fa. Mi sembra che l'uomo adesso abbia più paura.

L'uomo non ha più la potenza di un tempo perché non decide più sulla donna. Anche al matrimonio gli si dà meno importanza. Prima il poter avere una donna era una cosa extra preziosa.
(Maria Giannini).

Adesso è diverso, è la donna che è cambiata ma anche l'uomo.

(Maria Micheli).

Il cambiamento non è qualcosa di totalmente negativo, senza di esso infatti non ci sarebbe un progresso nell'umanità. Oggi le donne hanno acquisito più potere, ad esempio a livello politico, gestionale. La possibilità di agire e muoversi più liberamente all'interno della società sta portando ad una sempre maggiore equiparazione dei sessi. Questa è una condizione non ancora completamente realizzata ma, adesso, ha cessato di essere una semplice visione utopica, come lo era in passato. Questo credo che sia uno dei risultati positivi delle lotte dell'emancipazione. Prima di proseguire vorrei riportare una riflessione di una delle più importanti filosofe occidentali, Agnes Heller, su quanto bisogna ancora fare nel cammino dell'emancipazione femminile. Il brano è tratto da un'intervista rilasciata al quotidiano Repubblica il 27 febbraio 2018.
"In Europa, per esempio, dovremmo spingere il movimento verso la liberazione femminile nelle sfere

che sono già garantite per legge, ma non nella pratica, ossia nella sfera civile e in quella individuale. Bisogna modificare abitudini, costumi e atteggiamenti invalsi da migliaia di anni."[6]

Premetto che per risultati negativi non intendo criticare le posizioni femministe o l'importanza del processo emancipatorio. Infatti reputo tali quei comportamenti che stanno nascendo in seguito ad una visione estrema di questi fenomeni. Specie le nuove generazioni sono portate ad esasperare queste conquiste, ritenendo giusto comportarsi seguendo un criterio di libertà assoluta. Tuttavia ritengo che tali comportamenti siano antitetici a quello dell'emancipazione. Infatti ottenere il riconoscimento dei diritti civili, politici e sociali non deve essere frainteso come diritto a "fare quel che si vuole". Prima di tutto perché si rischia di impoverire la dignità della donna stessa, facendole perdere l'importanza ottenuta all'interno della società. La libertà di un individuo, infatti, si può esprimere pienamente all'interno di un sistema, come quello contemporaneo, solamente se rispetta le altre libertà individuali.

Per questo, credo, non è positivo considerare l'emancipazione in questi termini. Infine, il cammino di conquista femminile non deve essere condotto come una battaglia, dove qualcuno arriva a porsi in una situazione di superiorità rispetto

---

[6] https://www.repubblica.it/rubriche/passaparola/2018/02/27/news/passaparola_il_lungo_cammino_delle_donne-189911561/

all'altro, come afferma la stessa filosofa Agnes Heller: "è necessario agire con dignità, come esseri umani uguali per natura, rimanendo indipendenti nei giudizi e nelle decisioni, ma senza combattere gli uomini, nostri simili"[7].

---

[7] ibi

I giovani e la storia

Per ogni opera che viene scritta possiamo individuare diversi tipi di lettore. Ad esempio ci riferiamo al lettore reale come a colui che sta effettivamente leggendo questo scritto. Poi c'è il lettore ideale, ovvero quel gruppo di persone che l'autore individua come possibile destinatario della propria opera. Immaginare il lettore ideale è utile per chi scrive proprio perché a differenti destinatari corrispondono scelte contenutistiche e linguistiche diverse. Tralasciando per un momento il lettore reale vorrei concentrarmi su quello ideale. Durante la stesura dell'opera mi sono chiesto: "A chi vorrei fosse destinato questo scritto?" Inizialmente avevo pensato a quei pochi interessati di storia, gli unici che realmente si cimenterebbero in un'impresa del genere. Tuttavia considererei questi come potenziali lettori reali. Invece ho iniziato ad impostare il discorso cercando di afferrare uno spettro più ampio, coinvolgendo anche chi la storia non la conosce. Infine, rileggendo le interviste, ho osservato che uno specifico gruppo dovrebbe essere, a mio parere, il lettore ideale di questa opera: i giovani. Sebbene sia cosa abbastanza utopistica credere che molti ragazzi e ragazze leggerebbero un libro come questo, la storia viene scritta e tramandata essenzialmente per loro. Anche le stesse interviste, oltre a farci conoscere il vissuto di queste persone, si chiudono con una riflessione sui giovani d'oggi, facendo di essi i destinatari privilegiati della trattazione.

Quindi, come possiamo ben capire, ci sono diversi motivi per cui far confluire questi discorsi a loro. Il primo, molto importante, è quello di educare. La storia ci permette di conoscere il nostro passato. Comprendere gli avvenimenti ci consente non solo di acquisire una padronanza contenutistica ma anche di maturare una nostra opinione, attraverso l'interpretazione di quanto successo. Ma in che modo la storia può educare? Quest'opera non vuole formare i giovani, nel senso di proporre una specifica visione del passato o di presentare una correttezza di valori rispetto ad altri. Diversamente, credo che questa trattazione voglia educare nel senso di far conoscere ciò che è stato. Educare alla memoria non è una questione così banale, specie se bisogna indirizzarsi alle nuove generazioni.

Uno dei maggiori problemi è che il passato rischia di essere dimenticato creando così i presupposti per far cadere l'uomo negli stessi errori. Molti di noi danno poca rilevanza al termine storia, spesso associandolo alla semplice disciplina scolastica, quindi noiosa e poco utile. Inoltre non tutti conoscono, o semmai sanno solo per sommi capi, le vicende dell'ultima parte del Novecento. Per questo uno dei primi passi, specie verso i giovani, è educare a ricordare. Questo non deve essere visto, o vissuto, come un dover sapere i fatti e gli avvenimenti passati per saper mostrare, all'occorrenza, di avere una conoscenza più o meno erudita. Avere memoria del passato significa invece fermarsi a riflettere e a ricordare gli errori commessi nel passato in modo che non ricapitino più e trarre un insegnamento da essi. Specie nella modernità dove la vita è veloce e frenetica sempre meno tempo viene dedicato al passato. In un periodo segnato dalla ricerca continua di progresso bisogna ridare importanza anche al guardare indietro.

Poi ognuno può trarre da questo ciò che ritiene più opportuno. Ognuno, infatti, è libero di giudicare quali siano gli eventi da ritenere disastrosi e quelli invece che dovrebbero essere ripresi per costruire un futuro migliore. Sebbene un tale tipo di giudizio sia di per sé individuale e soggettivo, e poiché anche ogni evento può essere interpretato liberamente, bisogna trovare dei criteri per operare delle scelte comuni. Uno di questi è, per esempio, capire quale visione si è imposta in seguito a determinati eventi. Dopo la Seconda Guerra Mondiale la maggior parte degli stati coinvolti ha operato delle scelte che hanno orientato la società in una direzione rispetto ad un'altra. Questo ha determinato il nostro presente. In Italia, ad esempio, si è scelto di abbandonare il regime autoritario e di iniziare la creazione di uno stato democratico, quella che sarà la prima Repubblica. In campo internazionale, invece, sono nate nuove forme di cooperazione basate sulla pace, sulla libertà e sull'uguaglianza. Questi sono i valori che si è deciso di tramandare, rispetto ad altri. Quindi, sebbene ognuno può crearsi una propria opinione e avere una propria ideologia, credo che la stessa storia stia dimostrando la validità di alcune scelte. Infine non bisogna scordare che, comunque, alcune situazioni si sono riproposte e ancora sussistono in varie parti del mondo. Di guerre, di discriminazioni, di lotte per la supremazia civile, politica, economica, se ne sente parlare, purtroppo, ancora oggi.

Per questo diventa essenziale un altro punto: tramandare la storia. Coloro che nel prossimo futuro avranno in mano le redini della società dovranno conoscere ciò che è stato e continuare a tramandarlo alle future generazioni. Solo questo permetterà di non dimenticare gli errori commessi e di trasmettere quei valori espressi da tali vicende. Tuttavia questo è un compito tutt'altro che semplice. Uno dei problemi con cui gli storici hanno spesso a che fare è la difficoltà di ricreare con esattezza quanto successo in passato. Questo può avvenire per vari motivi. In particolare nel corso del Novecento, specie alla fine dei periodi più cruenti, come la Seconda Guerra Mondiale, molti hanno nascosto o distrutto le testimonianze di quel periodo. Entrambe le parti, sia quella dei vincitori e sia quella degli sconfitti, hanno reso impossibile reperire alcuni documenti essenziali impedendo così questo processo di ricostruzione. Solo di recente e attraverso numerose opere di mediazione è stato possibile recuperare alcuni manufatti ed accedere a determinate risorse. A ciò si è aggiunta anche un'altra problematica. Per numerosi anni si è voluto tacere, specie in ambito pubblico, su alcuni degli eventi più tragici del Novecento. Sebbene credo comprensibile che coloro che hanno subìto maggiormente queste atrocità abbiano voluto rimuovere questi eventi, più che divulgarli apertamente, a livello generale c'è stata comunque una volontà di accantonare il passato. Questo comportamento ha quasi fatto cadere nell'ombra e nel silenzio fatti che, per la loro importanza, non dovevano essere dimenticati.

Fortunatamente in quegli anni furono spesso gli stessi oppressi a testimoniare quello che si voleva far passare nel silenzio. Questi diventarono i primi preziosi documenti che permisero di capire, con una visione più ampia, le vicende accadute. Quindi, come possiamo comprendere, tramandare la storia non è stato e non è semplice proprio perché bisogna confrontarsi con una tendenza opposta, se non addirittura negazionista. Sono esistite ed esistono ancora persone che favoriscono la rimozione del passato, anche negando quanto successo, impedendo così il processo di ricostruzione storica. Un ricercatore, tuttavia, può servirsi anche di altri strumenti. Uno di questi è la testimonianza diretta delle persone che hanno vissuto quei periodi, come quelle raccolte in quest'opera, sebbene anche questo metodo presenti delle problematiche. La prima e la più ovvia, è che le persone viventi possono raccontare solo un determinato periodo del passato, quello più vicino a noi. Per questo è difficile ricostruire la storia del secolo scorso, di eventi accaduti ormai più di settant'anni fa, proprio perché i testimoni di quell'epoca stanno progressivamente scomparendo. Una seconda è quella di vincere la reticenza della gente. Non tutti, infatti, sono disposti a raccontare il loro passato o le vicende dei loro cari. Inoltre queste narrazioni mantengono quel carattere di soggettività e di non sempre facile interpretazione. Ognuno è portato a proporre una visione del suo vissuto influenzato dagli accadimenti, dalle proprie idee.

Tutte queste cose le ritroviamo anche nelle nostre intervistate.

I fatti dolorosi di Monte san Martino furono cancellati?

Non sono stati mai cancellati, secondo me, ma adesso sì perché non c'è più nessuno che li racconta, quelli che l'hanno vissuti. Di qui, che possono ricordarselo chi c'è, chi è rimasto? (Norina Palombi)

Adesso una considerazione, perché questo lungo silenzio. Tante persone hanno ricordato fatti della guerra, anche luttuosi, ma secondo te perché c'è stato questo lungo silenzio su questa vicenda?

Perché sembrava una vergogna, una cosa brutta penso, da non ricordare. (Norina Palombi)

Che giudizio dai tu di quei fatti?

Era la guerra, questa è la giustificazione, poi tante cose non le so. È giustificazione di tutto, i tedeschi stavano qua per questo. (Delia Viozzi)

Che cosa si potrebbe fare per superare questa divisione?

Boh, non lo so, non lo sanno nemmeno i politici. Noi non sapevamo molto, a parte delle fosse Ardeatine, di Marzabotto. Invece dell'uccisione degli ebrei sui campi non lo sapevamo, per me, quando l'ho saputo, è stata una novità. Anche nelle scuole, non si insegnavano queste cose. Non lo sapevamo noi. (Delia Viozzi)

Quando si incominciò a parlarne nelle scuole?

Non lo so, tardi, dopo anni, ma mi sono meravigliata. Mi chiedevo come mai non se ne fosse parlato prima. Il perché non l'ho capito mai. Anche quando insegnavo i primi anni, sui libri delle elementari, non se ne parlava, né del fascismo, né di niente. Non so perché rimase tutto nel silenzio, nascosto. (Elvira Tuzi)

Come possiamo notare queste risposte mettono in evidenza alcuni degli aspetti che abbiamo affrontato sopra. Per esempio Norina Palombi mostra di come oramai questi fatti non li può raccontare più nessuno proprio perché i pochi testimoni rimasti stanno scomparendo. Alcuni di questi, attraverso le loro storie, si sono rivelati strumenti preziosissimi per ricostruire alcune vicende del nostro passato. Tuttavia, in molti casi, si è capito troppo tardi della loro importanza e molte di esse sono andate perse o riportate solo parzialmente e indirettamente.

Diversamente Delia Viozzi pone in accento un altro elemento importante. Questa donna, allora bambina, ha pagato un prezzo altissimo durante la guerra. Come vittima diretta delle atrocità naziste, Assunta rivela di come gli oppressi abbiano voluto, a volte, rimuovere quei fatti orribili. Molti di loro, infatti, per anni non hanno voluto parlarne; altri non lo hanno mai fatto e la volontà di quegli anni è stata quella di sommergere quanto successo. Di questo occultamento ne parla anche Tuzi Elvira. La sua esperienza di maestra evidenzia come, anche a livello pubblico, ci sia stata una generale reticenza a divulgare questi accadimenti. Solo di recente, come ho già ricordato, grazie all'impegno di alcuni e ad una sensibilizzazione maggiore delle persone, è stato possibile iniziare un percorso di indagine storica più dettagliato di quel periodo.

Infine, a questa riflessione vorrei aggiungere alcuni dei messaggi che le nostre intervistate hanno voluto lasciare ai giovani. Forse sono di carattere meno storico-filosofico e più pratico, ma dimostrano quanta attenzione e anche quali critiche queste donne rivolgerebbero ai ragazzi d'oggi.

Che messaggio vuoi dare ai giovani di oggi?
Io non so spiegare quello che vorrei dire. Gli chiederei di guardare anche a chi non ha niente, di leggere la storia. C'è troppo spreco, bisognerebbe far lavorare un po' di più il cervello, di stare attenti anche nel mangiare. Adesso è sempre tutto pronto, questi ragazzi non sanno fare niente. Adesso non c'è più questo, deve essere tutto comodo, fatto bene. I giovani non sanno più quello che vogliono. (Norina Palombi)

Quale messaggio lasceresti ai giovani, pensa ai tuoi due nipoti, ma anche ai più giovani nati nel nuovo millennio?
Gli direi di ascoltare un po' di più i genitori e vorrei che i genitori seguissero più i figli. Tutto qua, perché da quello che si sente in televisione, penso che i genitori non ci sono e i figli non li ascoltano per niente. (Maria Micheli)

Una tua conclusione all'intervista?

Bisogna accompagnare molto i giovani, dare loro più stimoli possibili, aiutarli nella crescita. (Maria Ferranti)

Tu hai due nipoti, che messaggio vorresti lasciare loro?

Vorrei dire alla femmina, che dovrà sopportare il marito, se si sposa. No come fanno adesso che si sposano e si lasciano, si deve essere sempre in due...al maschio, povera me, gli direi di essere come il padre, prendere il suo esempio. (Margherita Coltellucci)

Bibliografia

- Carocci Giampiero, *Storia d'Italia dall'Unita ad oggi*, Feltrinelli, 1975
- Gazzetta ufficiale n. 148 del 26 giugno 1935
- https://encyclopedia.ushmm.org/content/it/article/nazi-camps
- https://www.repubblica.it/rubriche/passaparola/2018/02/27/news/passaparola_il_lungo_cammino_delle_donne-189911561/
- Ieranò Filippo e Millozzi Giuseppe, *Il campo di Servigliano 1915-1955*, Quaderni della Memoria, Servigliano, 2016
- Ieranò Filippo, *è noto che… il campo di prigionia di Servigliano*, quaderni della memoria, Servigliano, 2013
- Ieranò Filippo, *L'eccidio dimenticato*, KDP Edizioni, collana RADICI, 2017
- Millozzi Antonio, *Ricordi di guerra, raccolta di atti e documenti*, Monte san Martino Trust, 2012
- Millozzi Giuseppe, *I prigionieri alleati nelle Marche*, Fondazione Ranieri Editore,Perugia 2008
- Montanelli Indro e Cervi Mario, *L'Italia del novecento*, Milano, Rizzoli, I ed. 1998, ed. superpocket, 1999
- Ricci Pasquale, *9 settembre 1943 Lo sbando e la fuga*, Acquaviva Picena (AP), tipografia FastEdit, ottobre 2015
- Romanelli Raffaele, *Novecento lezioni di storia contemporanea II*, Bologna, editrice Mulino, 2014
- Sabbatucci Giovanni e Vidotto Vittorio, *Il mondo contemporaneo*, Bari, Editori Laterza e figli Spa, 1° ed. 2004, 2017
- "L'internamento civile nell'ascolano e il campo di concentramento di Servigliano (1940-1944)", ISML sezione provinciale di Ascoli Piceno, Ascoli Piceno 1998

www.ingramcontent.com/pod-product-compliance
Ingram Content Group UK Ltd.
Pitfield, Milton Keynes, MK11 3LW, UK
UKHW021937190726
13853UKWH00004B/1497

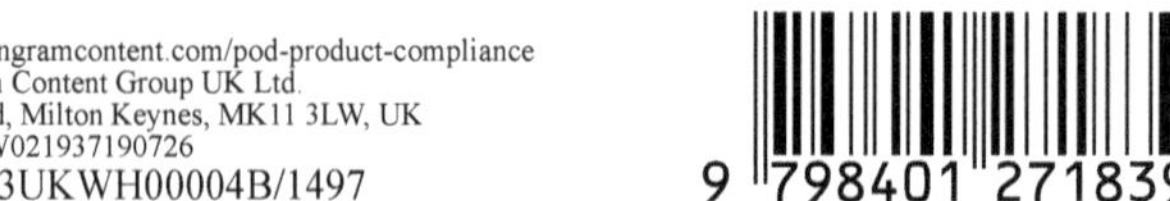